戦前の生活

大日本帝国の〝リアルな生活誌〟

武田知弘

筑摩書房

目次

序章　あなたの知らない戦前の世界
超人気アイドルだった阿部定　12
普通の家庭で「密造酒」を作っていた　17
国中が踊り狂った「東京音頭」の真実　21
すでに裁判員制度があった！　25
戦前にもあった〝税金の無駄遣い〟　29
第1章　お笑い、アニメ、遊園地、ダンス……けっこう娯楽は充実していた
吉本興業は戦前の方が凄かった?!　34
戦前にもあった漫才ブーム　40
子供たちを夢中にさせた七五万部「少年倶楽部」とは　44
マンガ時代の幕開け「のらくろ」　46
変身ヒーローの先駆け「黄金バット」とは　49

日本のアニメは実は戦前も凄かった！ 51
遊園地、ジェットコースターもあった 55
ＡＫＢ48の前身「少女歌劇団」とは？ 56
〝男装の美少女〟にハマる女性たち 58
社交ダンスの大ブーム 60
ジャズが大流行する 66
オペラが庶民の最大の楽しみだった 70

第2章 「封建」と「近代」の混じり合い

戦前は心中事件がやたら多かった 76
先進国の中で高い乳幼児死亡率 79
戦前はなぜ子沢山だったのか？ 81
成年男子の一〇〇人に一人が性病にかかっていた 85
若者がこぞって参加した〝青年団〟とは？ 87
カレーライス、アイスクリーム、カルピス ……急激に豊かになった食卓 91
「日本文学全集」「風と共に去りぬ」 ……戦前のベストセラー 95
日本人はなぜ〝新聞好き〟になったか？ 100
年賀状が大流行した理由 103

「オールバック」「ロイド眼鏡」……けっこうお洒落なモダンボーイたち 104

第3章 現代よりずっと凶悪だった子供たち

小学生による殺人事件が多発 110
酒鬼薔薇聖斗事件とそっくりの猟奇事件 113
学生たちはいつもストライキをしていた 115
尾崎豊も真っ青! 暴れる高校生たち 118
超エリートだった旧制高校生 120
賭け事ばかりしていた戦前の子供たち 123
駄菓子屋という危険な場所 126
少女たちの間で刺青が流行 130

第4章 海外旅行ブームもあった!

海水浴、避暑、湯治……けっこう誰でも旅行をしていた 136
「周遊列車」「新婚列車」「スキー列車」が登場 138
はとバスの原型「東京市内遊覧バス」 141
すでに〝海の家〟もあった 144

戦前にも海外旅行ブームがあった 146
東京からハルビンをつなぐ豪華国際列車とは？ 149
旅客機でヨーロッパ旅行も 152
奥様方が潜水艦見学 ……戦前のカルチャー・ブーム 154
市電、地下鉄、乗合バス ……戦前の市民の足 157
自動車の普及と交通事故の激増 160
タクシーが普通に使われていた 162

第5章 世界有数のスポーツ大国

浅田真央もいた?! 戦前のスポーツヒーロー、ヒロインたち 166
オリンピック金メダルも！ 陸上王国ニッポン 168
日本テニスの黄金時代 ……世界ランク三位、五輪銅メダル 171
戦前はなぜスポーツが盛んだったのか？ 173
すでに国体も開かれていた 176
徹夜しないと見られないスーパースター双葉山 178
ラジオ初のスポーツ中継は甲子園大会 181
プロ野球より人気があった早慶戦 183

第6章　戦前の地下生活者たち

合法的に売春が行われていた　188
一〇〇円で売られる娘たち　190
コスプレ遊女がいた〝玉の井遊郭〟とは？　193
キャバ嬢の前身〝カフェーの女給〟とは？　196
戦前には〝人さらい〟が本当にいた　199
軍都とスラム街　201
戦前にも〝生活保護〟があった　203
意外と少なかった浮浪者　205
戦前の犯罪は半数以上が「賭博犯」　207

あとがき　209
参考文献　212

戦前の生活　大日本帝国の〝リアルな生活誌〟

序章　あなたの知らない戦前の世界

超人気アイドルだった阿部定

阿部定事件……小説や映画などにもたびたび取り上げられるので、おそらく多くの人がご存知だろう。

阿部定という娼婦上がりの女性が愛人を殺し、その一物を切り取って持ち歩くという、猟奇的な事件である。現代では、この阿部定事件のことは、戦前の混迷した世を象徴する特異な事件のように言われることが多い。

「世の中が暗くなってきたので、人の気持ちが荒んで猟奇的な事件が起きたのだ」と。

しかし、この阿部定事件、実は当時の暗い世相を反映したようなものではない。信じがたいことかもしれないが、当時の阿部定はアイドル的な人気を博していたのである。そして、阿部定のことを、当時の人々は、今のワイドショー並みに熱狂的に追い回したのである。

阿部定事件のあらましはこうである。

阿部定は、明治三八（一九〇五）年五月二八日、東京の裕福な家に生まれた。が、少女期に知り合いの大学生に強姦されたことで自暴自棄となり、不良少女となる。持て余した両親は、定を女中に出すなどして改心させようとするが、素行は収まらず、最終的には遊郭に売ってしまう。定は、芸妓、娼妓、カフェの女給などを変転していたが、昭和一一（一九三六）年に、人の世話で石田吉蔵の経営する料亭の女中となる。

その年の四月二三日、料亭の経営者石田吉蔵と阿部定は不倫して出奔した。それから三週間、二人は性交を繰り返した。彼らは性交の最中に腰ひもで首を絞める、過激なSMプレイのようなこともしていた。将来に悲観していた阿部定は、そのSMプレイの最中に石田を絞殺してしまった。そして石田の褌を腰に巻き、石田の一物を切り取って持ち歩いたのだ。

図1　阿部定

阿部定の相手の石田は、七人の雇い人を抱える料亭の主人であり、地域の飲食業組合の会長もするなど、名士的な存在だった。その一方で、以前にも芸者を落籍させようとして家族で大騒動になったり、こっそり若い女を囲っていたりと、そもそもが浮気者だったのである。定に対しても、定が女中として働きはじめるとすぐに、陰で手を握ってくるなどアプローチをかけてきたという。

だから冷静に見れば、浮気者の若旦那に深情けをした女中の無理心中未遂ということである。

しかし、一物を切り取って持ち歩くという異常さが、この事件を大きくクローズアップさせることになった。


旅館で石田の遺体が発見されたときは、定は逃亡中だった。そのため、「一物を切り取られた奇怪な殺人事件」として世間を騒がせたのだ。

石田が死亡した翌日、早くも新聞各紙はこの事件を大きく報じた。「旅館で一物を切り取られた男性の変死体が見つかり、犯人である連れの女は逃走中」ということである。そして、二人の経緯や、阿部定のプロフィールまでを載せた新聞もあった。

それから新聞各紙は、連日、阿部定のことを報じた。そして、阿部定が逮捕された五月二〇日の夕方には、なんと号外まで出ているのだ。

定は細面の美人であり、逮捕時ににっこりと笑った写真に、世間は度肝を抜かれた。

「こんな美人が、男を殺し、一物を切り取って持ち歩いていたのか！」

ということである。この猟奇的な事件に対して、世間は好奇心むき出しで追いかけた。阿部定は、「石田は自分が初めて好きになった人であり、誰にも渡したくなかった」と犯行の理由を述べた。阿部定の行動を「究極の愛」などととらえる文学者も出てきた。

この当時は、二・二六事件の直後である。暗澹《あんたん》としていた国民は、このスキャンダラスな事件に飛びついた。重苦しい事件が続いていたので、国民は息抜きを求めていたのである。当時の新聞の中には、阿部定のことを「世直し大明神」と呼んだところさえあったという（「昭和性相史・戦前戦中編」下川耿史著・現代ジャーナリズム出版会）。

そして阿部定に対する人気が過熱していくのだ。

阿部定と石田が最後を過ごした待合「満左喜《まさき》」や、定が捕まった旅館「品川館」は事件後、大盛況になった。宿側も商売繁盛のために相当の悪ノリをした。「満左喜」は事件のあった部屋に、阿部定と石田の大きな写真を飾り、二人が使ったものなどを展示した。「品川館」も、定の泊まっていた部屋を枕や敷布などそのまま保存し、一般開放した。

報道合戦もメチャクチャにエスカレートした。

各誌がこぞって定をとりあげ、定の生い立ちから逃避行の一部始終までが、繰り返し報道された。定が逮捕される直前に、定をマッサージした按摩師は、マスコミの取材謝礼だけで家を新築したという。

また阿部定は、熱狂的な男性ファンを数多く獲得していた。彼女が服役した栃木の女囚刑務所には、毎日、門前に二〇人以上が〝出待ち〟をしており、のべ一万通以上のファンレターが届き、その中には四〇〇通以上の結婚申込みがあったという。カフェや映画会社が契約金一万円（現在の二〇〇〇万～三〇〇〇万円）を提示しスカウトにも来た。

日本人のミーハーさ加減というか、異常な遊び心というのは、今も昔も変わらないのである。

ちなみに阿部定は事件の猟奇さとは裏腹に、服役中は模範囚として過ごして、刑期を二年も残して仮出所した。刑務官などの取り計らいで、出所後は仮名で過ごし結婚もしていた。しかし、伝記が発表され、その内容があまりに嘘ばかりということで、隠遁していた阿部定は突如、世間に表れ、訴えを起こした。このため、現在の夫に素性がばれ、恐れをなした夫から離縁されてしまった。

その後、再びマスコミの寵児となり、映画にまで出演したりするが、昭和四六年以降、世間から姿を消す。もし存命ならば一〇〇歳を超えることになるが、消息はわかっていない。

普通の家庭で「密造酒」を作っていた

今では考えられないかもしれないが、戦前では一般家庭で密造酒がつくられることが、よくあった。

現在の酒税は、法人税や消費税よりもずっと税収が低く、税収としての存在価値はほとんどない。が、戦前の酒税は、常に租税収入の一位か二位を占め、国家財政の柱ともいえる税金だった。

たとえば、大正時代、秋田の大曲税務署が出した密造酒に関する警告書には次のように記されている。

「わが国では二〇個師団の兵を備え置くには一年に八千万円を要し、六〇万トンの海軍を保つには一年五千万円を要すから、結局酒税一億円と砂糖税三千二百万円だけあれば、陸海軍を備え置いてあまりあるわけである」

当時の酒税収入は一億円あり、これだけで、陸軍、海軍の年間費用がほぼ賄えたというわけである。戦前の日本の軍備は、世界的に見ても相当なものだったが、それを賄えるほどの税収を酒税は稼いでいたのだ。

しかし、日本人は何かにつけて酒を飲む文化がある。そこで各家庭では、自家製酒「どぶろく」を作ることが当たり前に行われていた。つまり脱税をしていたのである。

そもそも、日本には家庭で酒をつくる文化があった。

特に農村地域では当たり前のように酒がつくられていた。酒造りが禁止されたのは、明治になってからの話である。日露戦争を前にした明治三一年、税収増加のために、一般家庭での酒造が禁止された。それまで、酒に税金は課せられていたが家庭で作った場合も、酒税さえ納めていれば合法だったのだ。しかし家庭でつくった場合には、なかなか課税ができないし、酒税を一気に増収したかったために、当局が酒造禁止をしたのである。だから庶民は家で酒を飲もうと思えば、業者から買わなければならなくなったのだ。

が、しかし戦前の酒は高いものだった。原料の米が今よりもずっと高かった上、高額の酒税が課せられていたからだ。そのため庶民は、せっせと酒の密造に励んだのである。農村地域では、作ったドブロクを家庭で飲むだけではなく、密売もしていた。農村一帯がグルになって、密造酒のシンジケートをつくっていたこともあった。ちょうど、現代の麻薬の製造、販売と似たようなものがあった。特に東北地方は、密造酒のメッカとされていた。

もちろん税務当局も手をこまねいているわけではなかった。酒税は重要な税収源であり、密造酒を許すわけにはいかなかった。そのため、東北地方では、税務署の密造取締り部隊をつくっていた。それが現在の脱税摘発部隊である国税局査察部（通称マルサ）の原型なのである。農村の方も村を挙げて税務署員に抵抗した。村内に税務署員と思わしき怪しい人物が入ってきた場合は、大人も子供も総出で村中に警戒を呼びかけ、酒樽を山に隠してしまう。また摘発に来た税務署員に暴行したりすることもあった。

宮沢賢治の童話の中に「税務署長の大冒険」という作品があるが、これは税務署と農村の密造酒を巡る攻防を描いたものである。

また酒の密造をしていたのは、農村だけではなかった。一般家庭でも、普通に作られていたようである。犯罪の話なので、データ的なものはあまり残っていないが、戦前の庶民の生活誌には、ドブロクのことがちらほら出てくる。

たとえば、脚本家で直木賞作家でもある向田邦子の「父の詫び状」というエッセイには、次のような文章がある。


保険の外交員は酒好きな人が多い。配給だけでは足りる筈もなく、母は教えられて見よう見真似でドブロクを作っていた。米を蒸し、ドブロクのもとを入れ、カメの中へねかせる。古いどてらや布団を着せて様子を見る。夏は蚊にくわれながら布団をはぐり、耳をくっつけて、

「プクプク……」

と音がすればしめたものだが、この音がしないと、ドブロク様はご臨終ということになる。

物置から湯タンポを出して井戸端でゴシゴシと洗う。熱湯で消毒したのに湯を入れ、ひもをつけてドブロクの中へブラ下げる。半日もたつと、プクプクと息を吹き返すのである。

ところが、あまりに温め過ぎるとドブロクが沸いてしまって、酸っぱくなる。こうなると客に出せないので、茄子やきゅうりをつける奈良漬の床にしたり、「子供のドブちゃん」と称して、乳酸飲料代りにお下げ渡しになるのである。すっぱくてちょっとホロっとして、イケる口の私は大好物であった。弟や妹と結託して、湯タンポを余分にほうり込み、

「わざと失敗してるんじゃないのか」

と父にとがめられたこともあった。

この「父の詫び状」には、戦前の日本の家庭生活の様子が細かく描かれている。作者の向田邦子が育った家庭は農家ではなく、普通のサラリーマン家庭である。そういう家でも、ドブロクが作られていたということなのだ。

ちなみに、現在も一般家庭で酒を造る事は酒税法で禁止されている。しかし、今では、酒の値段は安くなったので、税金分を差し引いたとしても家庭で酒をつくるより、買った方が安い。だから税務当局も、一般家庭での酒の密造をそれほど厳しく取り締まってはいないようである。

国中が踊り狂った「東京音頭」の真実

戦前、すでにレコードのミリオンセラーも生まれていた。

「東京音頭」である。

ヤクルト・スワローズの応援歌でおなじみの東京音頭は、昭和八年にビクターレコードから発売されたものだ。

戦前、すでにレコードプレーヤーも登場していた。しかし、当時はレコードプレーヤーとは言わず蓄音器と呼んでいた。

蓄音器は昭和七、八年ごろ三〇円くらいしていた。レコードは一〇インチ（二五センチ）が一円五〇銭、一二インチ（二八センチ）が三円くらいだった。大学出の初任給が五〇円くらいなので、相当高価だといえる。現在の貨幣価値では、一二インチのレコード一枚が一万円近くしていたのである。

そういう貨幣価値の中でのミリオンセラーは、今の数倍から数十倍の価値があるといえるだろう。

この「東京音頭」はもともと前年に「丸の内音頭」として出した曲を改作したものを仕立てなおし、一〇〇万枚を超える大ヒットとなった。当時の蓄音機の普及率から見れば、驚異的な数字であり、現在の数千万枚に匹敵する数字だとされている。

「東京音頭」が大流行した当時、日本全国で狂ったように東京音頭が流され、老若男女が踊り歩いたため、〝昭和のええじゃないか騒動〟という言い方もされる。昭和初期の暗い世相の中で、人々は発散を求めて東京音頭を踊り、それが全国に広がった、というのである。しかし、この見方は、少々的をはずしている。

というのも、「東京音頭」は、関係者が初めから大流行を狙って作られたものである。今でいうところの〝仕掛け〟によって大ヒットしたのである。

東京音頭を仕掛けたのは、東京の商店街の旦那衆とレコード会社である。

図２　東京音頭を踊る人々

当時、ラジオやレコードの出現により、〝流行歌〟というものが生まれていた。昭和初期には、全国各地の民謡が、ラジオやレコードで紹介され、民謡がブームになった。それまで土地の人の間だけで歌い継がれてきた民謡を、全国の人が耳にするようになり、それが全国で流行するようになったのだ。

そして新しい民謡も次々と作られた。流行した民謡の地元は、観光客が押し寄せるといった事態になっていた。現代の「ご当地ソング」と同じである。たとえば大ヒット曲「波浮の港」で唄われた大島には、大勢の観光客が訪れるようになっていた。

それを見た東京の商店街の旦那衆は、頭を抱えた。東京には民謡がなかったからだ。

そこで、丸の内の旦那衆がレコード会社

のビクターに依頼して「丸の内音頭」なるものをつくった。これが好評だったために、それをもっと大規模なものにしようと、「丸の内音頭」を改良して「東京音頭」をつくったのである。

「東京音頭」は、初めから大勢の人が踊ることを想定してつくられたものである。東京には盆踊りの歌がないと言われていたので「東京の盆踊り唄」を狙ったのだ。すでに東京は大都市であり、東京で盆踊りの唄をつくれば、大ヒットするに違いないということである。

そしてレコード会社は、巧妙な販売戦略を立てた。振り付けをあらかじめ考案し、ビクターの社員たちが、レコードと蓄音機を持って各地に〝実演〟に赴いた。公園などでやぐらを組んで、レコードを鳴らし、実際に踊って見せるのである。

その努力が実り、東京音頭はあっという間に広がり、公園という公園、空き地という空き地で、東京音頭が踊られたという。

つまり東京音頭の大ヒットは、「ええじゃないか」のような自然発生的なものではなく、レコード会社の大掛かりな販売戦略によるものだったのである。

すでに裁判員制度があった！

戦前の裁判というと、ろくに証拠もないのに警察が無理やり自白させ、裁判官は一方的に重い刑を言いつける、という印象を持っている人も多いだろう。確かに、戦前の裁判制度は、安易に自白に頼るなど現代と比べれば人権が尊重されているとは言えない状況もあった。

しかし戦前の社会制度というのは、国家権力が非常に強かった面もあるが、民主主義の制度も徐々に導入されていたのである。

その最たるものが、裁判員制度（当時は陪審員と言われていた）である。

裁判員制度とは、一般市民を裁判員として裁判に参加させるという制度である。裁判所の閉鎖性を防ぐためなどの目的で、平成二一（二〇〇九）年から導入されたので、ご存じの方も多いはずだ。この、つい最近導入された民主的な制度が、実は戦前の日本ですでに採り入れられていたのだ。

戦前の裁判員制度（陪審員制度）は、「裁判所の判決が偏らないように世間一般の意見を取り入れ、裁判の判決に対して国民が納得するように」ということで、はじめられたものである。

この陪審制度は、大正時代の中ごろから法学者などから発案され、世間からも年々これを求める声が大きくなっていった。特に、新聞や雑誌では、陪審制度の実現を強く求めた。

たとえば大正八（一九一九）年一二月二三日付の新愛知新聞には、「新聞紙法の改正　陪審制度実施が先決」と題し、次のような記事が掲載されている。

『犯罪を煽動若くは曲庇し、又は犯罪人若くは刑事被告人を賞恤《しょうじゅつ》、救護』し、或は『安寧政序を紊《みだ》し、又は風俗を害する事項を新聞紙に掲載』し、或《あるい》は『皇室の尊厳を冒瀆《ぼうとく》し、政体を変改し又は朝憲を紊乱《びんらん》せんとするの事項を新聞紙に掲載』することは、私共の固《もと》より慎まねばならぬ所であると同時に、これを犯したる新聞紙を厳罰に処せねばならぬことは論を待たぬ。併しながら、時代の思潮に照し、常識を以てして、かかる事実なきに拘らず唯《ただ》官僚自身の安全を保障せんが為に、強いてこうした事実を捏造して、新聞紙を罰せんとするのは、言論圧迫の甚しきものではないか。かかる場合に常識に富たる陪審員が裁判に立会い而《しこう》してかかる事実なしと認せば、如何に時代錯誤的なる裁判官と雖《いえど》も、新聞紙法を適用してこれを罰することが出来ないであろう。

当時、新聞紙法などが改正され、言論の自由がだんだん狭められている頃だった。新聞としては、「言論の自由を狭める法律を作るのなら、陪審員制度もつくるべき」ということである。裁判所が完全に政府の管理化にあれば、政府にいたずらに言論を制限させられてしまうからである。

新聞に限らず、あらゆる方面で、陪審員制度を求める声が上がっていた。そのため、政府もその声を無視できず、昭和二（一九二七）年に導入されたのだ。

ただ戦前の陪審員制度は、現在の裁判員制度とは若干違う。まず、陪審員には、その資格に大きな制限があった。国税三円以上を納めている三〇歳以上の男子の中から無作為の抽選で選ばれた者ということになっていたのだ。

「税金をたくさん納めている者じゃないと、裁判に参加させるわけにはいかない」

ということである。

陪審員に選ばれたものは、正当な理由なく断ることはできなかった。これは現在の制度と似ている。

また陪審員による裁判は、刑事裁判に限られ、しかも事実関係の認定のみを対象とされ、量刑の判断などはなされなかった。つまり殺人事件だった場合、陪審員がすることは被告が犯人かどうかを判断することだけで、刑期などはプロの裁判官が決めていたのだ。

陪審裁判には法定陪審（死刑、無期にかかわる事件）と、請求陪審（三年以上の刑に関する裁判は被告人の請求によって陪審裁判にすることができた）があった。つまり被告人にとっては陪審裁判を請求する権利が有るということであり、陪審裁判を受ける義務があるわけではなかった。

陪審員は法廷では裁判官の両側に位置し、検事席と向かい合っていた。陪審席から陪審員合議室には直通できるようになっており、裁判中、陪審員は外界から遮断されていた。

陪審員の人数は一二人で、事実の存否を多数決で決める。裁判官と陪審員の判断が合致すれば、それに従って判決が出た。もし合致しない場合は、裁判官は陪審員を交代させることができた。交代の回数に制限はなかったので、事実上は裁判官の納得する判決しかでなかった。

しかし、陪審員制度がまったく役に立っていなかったわけではなかった。陪審員裁判の無罪率は、他の裁判よりも高かったのだ。

この陪審制度は、昭和一八年に戦争を理由に停止され、戦後はそのまま復活しなかった。平成二一年になってようやく似たモノが出来たのである。つまり、見方によっては、平成二一年に作られた制度を、戦前の社会はすでに導入していたということである。

戦前にもあった〝税金の無駄遣い〟

現代の日本では、公共事業とそれを巡る汚職事件がたびたび世間を騒がせている。公共事業に関する不正事件は、現代日本の抱える社会問題かと思いきや、実は、現代だけではなく、戦前も同様の事件が多発していたのである。

たとえば文藝春秋の昭和七年一一月号には次のような記事が載っている。

農村の窮乏がさけばれている。これに対するいろいろの緊急対策がいま議会でヤッサモッサ論じられている。そのうちに、地方の土木事業をおこすという案がある。これによって農村に金を落として、農村を潤そうというのである。

ある議員が質問した。

「従来の例からいうと、こうした事業は請負によって行われ、その結果、金は農村に落ちないで、請負人の手によって中間搾取される。これに対して政府に対策があるか」

政府は答える。

「今後政府は、請負方法によらずに、もっぱら自治体たる市町村の手によってこれを行い、中間搾取をなくすようにするつもりである」と。

自治体は、政府によってかくのごとく信任されている。しかし、自治体は果たして中間搾取をしないか。そう思ったら大へんな間違いである。

（中略）

東京市を巡り自治体の腐敗が暴露したのは、府下、三河島町、日暮里《にっぽり》町からはじまった。これらの町においては、水道土木工事費の剰余額が残っていたが、一〇月一日に大東京市に合併せられるのを機会として、あるいは町会を開いて公然と、又は町会を開かずに町長の独断で、それらの大金を、町長、助役、技師、町会議員に分配してしまったのだ。そして腹黒いことには、この計画を行おうとして、町長の選挙の時には、あらかじめ現ナマや町会議員を買収しておいたのである。

したがってこの両町の不正事件には、取り調べの進捗につれて、自治体機関たる町会を構成する人員のほとんど大半、中にはすべてが連座して、検挙、収容されて、それがために、町会が開けなくなり、自治体が一時その活動を停止してしまったのである。

この記事では、三河島、日暮里につづいて、南千住、寺島、吾嬬《あづま》、大崎、巣鴨の各町にも同様の不正事件が起こり、摘発されたことを報じている。

当時の政府は、農村をすくうために様々な土木事業を行おうとした。しかし、土木事業のほとんどは、請負業者がガッツリと中間搾取をして、農村にはあまりお金が落ちなかった。儲かったのは、請負業者ばかりだったのである。

そのため今度は請負業者ではなく、自治体に直接土木事業を任せた。すると次は自治体が不正な手段を使って中間搾取を行ったということである。

「公共事業で地方を潤わせよう」

という発想は戦前からあったものである。そして公共事業では、業者だけが潤い、なかなか民を潤すには至らない、ということも、今とそっくりなのである。

この記事を読むと、日本は果たしてこの七〇年ばかりの間で進歩しているのかと疑問に思ってしまう。最近、東日本大震災の復興費が、他のことに使われていたとして、問題になっている。役所にお金を持たせるとロクなことがない、というのは、今も昔も同じなのである。

第1章　お笑い、アニメ、遊園地、ダンス

……けっこう娯楽は充実していた

吉本興業は戦前の方が凄かった?!

吉本興業といえば、言わずと知れたお笑い業界の最大手であり、日本の芸能界に隠然たる影響力を持っている芸能プロダクションである。

この吉本興業は、実は戦前にも一度頂点を極めているのだ。

戦前の吉本と現在の吉本のどっちがすごいかというと、甲乙がつけられないほどだったのだ。

戦前の吉本興業は、大阪、東京、京都、横浜など全国の主要都市で四七館もの劇場を経営していた。そして大阪、東京の一等地に多数の土地も持っていた。

また芸人も一三〇〇人くらい抱えていた。現在の吉本の芸人の数が七〇〇人くらいなので約二倍である。

しかも吉本興業は、大阪の通天閣を所有していた時期もあったのだ。

吉本興業の歴史は、明治四五（一九一二）年、大阪の天満宮裏にある第二文藝館という芝居小屋から始まった。

創業者の吉本泰三は、裕福な荒物問屋の跡取りだったが、演芸好きが嵩じて、自分でも一座を作って全国興行に回るなどの道楽者だった。その道楽のせいで、家業は傾き、廃業の憂き目に会う。そのため背水の陣で、第二文藝館という流行らない芝居小屋を手に入れ、興行の世界に身を投じたのである。

吉本泰三には、せいというしっかり者の妻がいた。このせいは女傑として伝えられており、山崎豊子の小説「花のれん」の主人公のモデルでもある。

この吉本せいは、商売熱心であるとともに、アイディア・ウーマンでもあった。第二文藝館の経営をはじめたばかりのとき、寄席では場内で販売される飲食物がかなりの売上になるということを知り、ラムネ、冷やし飴（砂糖水のような飲料水）などの販売を始めた。

と、ここまでは、まあだれでもやることである。が、せいはさらに気が回るのだ。劇場内だけではなく、劇場の玄関口で通行人にも販売したのである。飲食物を販売するためには、仕入経費もかかるし、冷やすための氷代などもかかる。その経費を、劇場内の販売だけに使うのは勿体ない。劇場内で売るのも、玄関先の通行人に売るのも、そう大して手間はかわらない、ということである。

せいの商魂はこれだけにとどまらない。

劇場内の座布団の配置を工夫して、少しでも多くの客が入れるようにした。つまりは、座布団の間隔を狭くして、ギュウギュウ詰めに詰め込んだのである。

また泰三とせいは、まったく流行らない第二文藝館の入場料を格安にすることを思いついた。

当時の寄席《よせ》の入場料は一五銭程度だったのを、半分以下の五銭にしたのだ。しかし、はやりの芸人に出演してもらうには、五銭の入場料では賄《まかな》いきれない。

そのため当時、演芸界で異端児扱いされていた岡田政太郎の一座に声をかけた。岡田政太郎は、俗曲、剣舞、手品、曲芸、モノマネなど色物扱いされていた芸人たちを集めて一座を作っていたのだ。

岡田政太郎は、当時のショービジネス界の革命児ともいえる人物だった。

演芸の世界というのは、今も昔も格式にこだわる面がある。各種の芸に格をつけ、格の高い芸、低い芸というランク付けをするのだ。当時もっとも格式が高い演芸というのが、落語だった。当時の演芸では落語が主流であり、落語以外の演芸は「色物」とされ、落語の合間に少し挟み込むだけというのが寄席の常識となっていた。

当然、各演芸場（寄席）は、落語で名の通った名人を呼ぼうとする。もちろん名人の出演料は非常に高くなるわけだ。

しかし、岡田政太郎の一座は違った。

「おもろうて安かったらなんぼでも客は来る」

と岡田政太郎は常々語っており、実際、演芸の格にはこだわらず、落語以外の様々な色物芸人を登用し、演目の中心に据えたのだ。

岡田政太郎一座は、落語家たちから蔑まれながらも、人気は急上昇していた。その一座に、吉本泰三夫妻は目を付けたのだ。

岡田政太郎傘下の芸人ならば、出演料もそう高くはない。彼らを出演させれば、入場料五銭でもやっていける。彼らは、格式は低いが人気はある。彼らを出演させれば、客が入らないことはないだろう。

泰三夫妻はそう踏んだのだ。

そしてこれが、大当たりとなる。

入場料が安い上に、他の演芸場のような落語オンリーではなく、面白い出し物がたくさんある。第二文藝館はたちまち大盛況となった。

吉本夫妻は、飛ぶ鳥を落とす勢いで経営を拡張した。わずか一〇年で大阪の名だたる劇場の大半を買い取ることになったのだ。

大正四（一九一五）年には、当時大阪でもっとも格式が高いとされていた「金沢

図３　昭和初期ごろの通天閣

亭」も手中にしている。吉本はこの「金沢亭」を買収すると「南地花月」と改名した。それとともに、当時の直営劇場を「天満花月」「松島花月」という具合に「花月」で統一したのだ。なんばグランド花月、神保町花月などのように、吉本の劇場は、花月とつけられることが多いが、それはこの「金沢亭」を買収したときに由来するのである。

花月というのは、「花と咲くか月と陰るかすべてを賭けて」という意味があるという。当たり外れが大きく、浮沈みの激しい興行の世界で、一生懸命頑張っていくぞ、という意気込みが、この「花月」という名前に込められているのだ。

なにはともあれ吉本泰三夫妻は、興行の素人ながら、見事に時流を見通し、寄席を成功させたわけである。そして、東京にも進出し、浅草をはじめ、全国主要都市に四七館の劇場を持つにいたった。

また先に述べたように、この当時、吉本興業は大阪の通天閣を購入している。大阪の通天閣というのは、パリのエッフェル塔と凱旋門《がいせんもん》を模して、明治四五年に作られたものである。高さは約八〇メートルで、当時は東洋一を誇っていた。エレベーターも設置された最新式の建築物で、大阪最大の名所となっていた。

しかし昭和初期の不況などで、通天閣の観光客が激減し、経営が苦しくなったことから、吉本に身売りしたのである。当時の吉本は、通天閣の真下に「新世界花月」「蘆部劇場」を持っており、またとない宣伝材料になることから、三一万円で購入したのである。当時の三一万円は、今の貨幣価値にすると十数億円になる。

吉本にはとっては、まさに天下を取ったというところだった。

しかし吉本の通天閣は長続きしなかった。

昭和一八（一九四三）年、通天閣に火災が起き、使用不可能となった。そのため吉本は通天閣を取り壊し、鉄骨の資材を軍部に寄付した。

ちなみに現在の通天閣は、昭和三一年に再建された二代目である。この二代目通天閣には吉本は関係していない。また今の通天閣にも劇場があり、吉本のライバルである松竹芸能が運営している。

戦前にもあった漫才ブーム

漫才というと、八〇年代にブームになり、「M－1グランプリ」など現在でも人気の高い芸能である。

この漫才、実は戦前にもブームになったことがあるのだ。

そして、戦前の漫才ブームの仕掛け人は、はやり吉本興業だった。

近代漫才の起源には諸説あるが、明治末期から大正にかけての大衆芸能から生まれてきたことは確かなようである。

一説によると明治末期から江州音頭《ごうしゅうおんど》という演芸が大阪で流行り始めた。これは、音頭に合わせて踊り子が踊り、その合間に様々な話芸、ギャグを織り込む芸である。つまりは踊りの合間に受けそうな芸を手当たり次第ぶち込む、というものである。

その江州音頭が発展し、次第に踊りよりも、合間の芸の方が多くなり、やがて踊りがなくなった。それが漫才と呼ばれ、その人気は大阪から全国に広がっていた。

しかしこの漫才というのは、芸として決まった形があるわけではなく、様々な芸の寄せ集めだった。

しかも、ワイ談、下ネタは当たり前だったので風紀紊乱の恐れがあるとして、上演禁止されていた時期もあった。その禁が解かれたのは明治四五年であり、奇しくも吉本興業の創業年である。

漫才は当然のように、芸のランクとしては非常に低く扱われ、格式のある寄席などにはなかなか出すことができなかった。

しかし吉本興業は、今後は漫才が演芸の主流になっていくと踏んでいた。

なぜなら漫才は、漫才師が舞台でしゃべっている間ずっと笑いが起きる。しかし落語は、二〇分の出演時間のうち笑いが起きるのは数回しかない。また落語の場合、怪談や人情話などもあり、必ずしも笑える話ばかりではない。

吉本では、客がもっとも欲しているのは「笑える出し物」だと見たのだ。そして、もっとも手っ取り早く、笑いを多く取ることができるのは、漫才だということに気付いたのだ。

そして吉本興業は各地から漫才師を呼び集め、日本で初めて漫才だけを集めた寄席を興行した。それが昭和二年、道頓堀《どうとんぼり》の弁天座で行われた「全国万歳座長大会」である。

「ザ・マンザイ」の戦前版ということになるだろう。

弁天座は当時、松竹の劇場だった。吉本の劇場ではキャパが小さすぎるとして、松竹に交渉して共同で興行を打ったのだ。一五〇〇席はすべて埋まり、通路にも客が溢れた。

これには松竹の関係者も目を丸くした。漫才がこれほど客を呼べるものとは思わなかったからだ。

この成功により、吉本興業と松竹は漫才界での両雄となっていき、時には鋭く対立することになった。

吉本は演芸界を落語中心から漫才中心に変えただけではない。漫才の内容も大きく変身させた。

当時の漫才というのは、江州音頭などのように唄や踊りの合間に、面白話をするという形態をとっていた。つまり当初の漫才というのは唄や踊りが中心で、しゃべりは刺身のツマのようなものだった。

しかし吉本興業は、客は漫才のしゃべりの部分をもっとも喜んで見ていることに気づいた。そして漫才から唄と踊りをとっぱらってしまったのだ。

さらに漫才師の衣装も和服から洋装に変えさせ、洗練された都会風の芸に仕立て上げた。そうして誕生したのが、近代漫才の祖として名高い「エンタツアチャコ」なのである。

エンタツこと横山エンタツ、アチャコこと花菱アチャコは、二人とも俳優を目指して旅回りの一座などに加わるうちにいつの間にか芸人になっていた。当時の芸人はそ

う いう者が多かった。

二人は、はじめは別々にコンビを組んで漫才をやっていたが、吉本が彼らにコンビを組ませたのだ。

当時の漫才は、下品な言葉を連発しハリセンでドツキまわすのが常識だったが、エンタツアチャコは「君と僕」などという上品な言葉を使い、派手なアクションは一切なし、純然たる話芸だけの漫才だった。

エンタツアチャコは、はじめはまったく受けなかったが、若者を中心に人気が出てコンビ結成一年後にはスターになった。

また吉本は新入社員の橋本鐵彦《てつひこ》（後に社長になる）の提案で、座付き作家として、東大や京大を出た高学歴の社員を相次いで採用した。今の漫才でも、芸人自身ではなく作家がネタを考えることが多々あるが、そのシステムはすでに戦前に開発されたものなのだ。

そして、これは、下ネタや下品なネタが多かった漫才の内容を、ユーモアがあって世相風刺なども織り込まれた、都会人、インテリも楽しめるようにするためだった。

また彼らは「万歳」と書きあらわされていた漫才を、今の「漫才」という書き方にし、より親しめるものにしたのだ。現在、漫才に「漫才」という字が使われているのは、ここに由来があるのだ。

子供たちを夢中にさせた七五万部「少年倶楽部」とは

戦前の子供たちの遊びというと、アウトドア的なものばかりが連想されがちである。しかし、戦前の子供のインドアでの遊びもけっこう充実していた。というのも子供向けの雑誌が、かなり充実していたのである。

小学校高学年向けの読み物雑誌の代表的なものに「少年倶楽部」がある。「少年倶楽部」というのは、大日本雄弁会（現在の講談社）が発行していた雑誌である。「少年倶楽部」は大正三（一九一四）年に創刊され、最盛期の昭和一〇（一九三五）年には七五万部を発行していた。七五万部といえば、今でも雑誌としては大ヒットの数字である。それを少年向けの雑誌で達成していたのだ。昭和三三年の少年マガジンの創刊号が二〇万部程度だったことを見ても、七五万部という数字がどれだけ驚異的なものかわかるだろう。

しかも、この当時の雑誌は、決して安くはない。少年倶楽部の値段は五〇銭だった。これは現在の貨幣価値に換算すると千数百円となる。子供の本としてはけっこう高いといえる。これが毎月七五万部も売れていたのである。別の見方をすれば、戦前には子供向け雑誌を買える子供がそれだけいたということでもある。

今の少年誌といえば、ほとんどがマンガで占められているが、戦前はそうではなかった。絵物語や小説、情報記事などが中心で、マンガはほんの一部だった。

「少年倶楽部」には、小説では、吉川英治、江戸川乱歩、大佛次郎など、漫画では田河水泡、島田啓三、画では山川惣治など、詩、歌では野口雨情、北原白秋、高村光太郎、萩原朔太郎など、そうそうたる面々が参加していた。

「怪人二十面相」「少年探偵団」「のらくろ」「冒険ダン吉」などの人気作品もこの少年倶楽部から生まれたものである。

執筆陣の豪華さもさることながら、少年倶楽部には、もう一つ大きな魅力があった。

図4　「少年倶楽部」創刊号

それは付録である。

少年倶楽部の付録には、ペーパークラフトによる模型で、名古屋城や戦艦三笠などがついてきた。この模型は、組み立て式で糊を使わないで作る事ができたが、形は非常に精巧なものだった。名古屋城などは、夜光塗料が塗られていて、夜は光って見えるというすぐれものだった。プラモデルやフィギュアの走りだともいえるだろう。この模型に子供たちは夢中になった。

戦後の漫画文化を担う手塚治虫や藤子不二雄なども、この少年倶楽部に夢中になっていたという。

マンガ時代の幕開け「のらくろ」

雑誌「少年倶楽部」に連載された漫画に田河水泡の描いた「のらくろ」がある。この「のらくろ」という作品は、日本のマンガ時代の扉を開いた、画期的なものといえる。
「のらくろ」という漫画は、野良（孤児）犬の黒吉が主人公である。略して「のらくろ」というわけである。この「のらくろ」の軍隊生活を面白おかしく描いたのが、この作品である
孤児だったのらくろは、軍隊に入れば食っていけると思い、「猛犬連隊」に入る。「猛犬連隊」は、日本陸軍を模したものだ。のらくろはその新兵ということである。

二等兵から始まって、様々な経験を積みながら昇進していくのだ。のらくろは、正義感が強いがおっちょこちょいで、大失敗をして上官から大目玉をくらったり、かと思えば大活躍をする。ドジで間抜けな主人公が努力して成功していく、という日本マンガの王道ストーリーは、この「のらくろ」から始まったといってもいいだろう。

「のらくろ」は、たちまち子供たちの人気者となった。

のらくろ人気の凄さを示すこんなエピソードもある。のらくろは、孤児なので家族がおらず、日曜日に外出が許されても行くところがない。それを読んだ子供たちから「僕の家においでよ」というハガキが編集部に送られてきたという。

のらくろの作者、田河水泡は、幼いころに孤児になり、伯父伯母に育てられた。のらくろは田河水泡自身を重ね合わせたものともいえる。

彼は日本美術専門学校の図案科を卒業し、画家となったが、画家では到底食っていけない。そこで、新作落語の台本を大日本雄弁会に売り込み、それで生計を立てていた。当時は、漫画という新しい媒体が出てきたころだったが、漫画家がなかなかいない。大日本雄弁会では漫画を描ける人材を探していたところ、田河水泡は「絵が描けて落語も作れる」ので、漫画を描かせるようになった。

当初は、青年向け雑誌の「面白倶楽部」や「キング」で描いていたが、やがて少年倶楽部でのらくろを連載しはじめ、たちまち人気漫画家となる。

のらくろは昭和六（一九三一）年から、一〇年間にもわたる長期連載となった。戦前のマンガは短編の読み切りがほとんどであり、連載ものでも一年で終わるのが普通だった。一人（一匹）の主人公を一〇年間にもわたって描いたストーリー漫画というのは、のらくろが初めてなのである。

のらくろは単行本も作られた。最初の単行本「のらくろ上等兵」は一三万四〇〇〇部、シリーズ全一〇冊で累計一〇〇万部も売れた。これは、当時としては驚異的な大ヒットである。雑誌の連載漫画で人気が出たものを単行本化するというシステムも、のらくろが走りだったのである。

のらくろはまた鉛筆やハーモニカ、ノートなどにも絵柄が使われた。キャラクター商法としても走りだったともいえる（ただし版権ビジネスがまだ確立されていなかったので、ほとんどが無許可で使われていた。著者の田河水泡には、まったくお金は入ってこなかったが、「宣伝してくれている」と考え、別に抗議はしなかったという）。

しかし、のらくろは突然、中止に追い込まれる。陸軍の格好の宣伝マンだったはずの「のらくろ」だが、昭和一六年一〇月、陸軍から圧力がかかったのだ。

軍はのらくろに好意的だった時期もあった。赤坂の歩兵第一連隊の軍旗祭では、営門の飾りとして登場したこともある。また「のらくろは軍の片棒をかついだ」として戦後、糾弾されたこともあった。

しかし実際ののらくろは、軍を揶揄《やゆ》しているような面も多々あった。太平洋戦争が始まる前年の昭和一五年には、のらくろは「人間の価値は金の筋（軍の勲章）で決まるものではない」として、軍をやめ、満州開拓に行くという展開になっていた。勲章に最大の価値を置いていた軍を、ある意味バカにしているといえる。

そのため、軍としては「時局にそぐわない」として、のらくらを中止に追い込んだのだ。戦後も、のらくろは探偵漫画として復活したり、アニメ化されたりもしている。

ちなみに「サザエさん」の作者長谷川町子女史は、この田河水泡の弟子である。

変身ヒーローの先駆け「黄金バット」とは

昭和五年ごろ、紙芝居で子供を引きつけて水飴などを売る商売が登場した。

子供たちが大勢集まる公園などに、自転車に紙芝居の道具一式を積んだおじさんがやってくる。おじさんは、拍子木を鳴らしたり、太鼓をたたいたりして、子供たちを呼び寄せる。おじさんの自転車には、水あめやコブなどの駄菓子が積んである。子供たちはそれを買ってしゃぶりつつ、紙芝居を見るのだ。

この紙芝居が、昭和初期の子供たちの間で大流行したのだ。

昭和初期、紙芝居を見る代金は、だいたい一銭だった。一銭で水飴の棒を一つくれ、紙芝居を見ることができたのだ。当時はテレビもなく、そうそう映画にも行けない。だから子供たちは、この紙芝居を楽しみにしていた。

紙芝居は、基本的には、水あめや駄菓子を買った子供だけが見られるものだが、公園などで行われていたため、入場制限ができるわけでもなく、陰からこっそり「無料」で見る子供も多かった。紙芝居業者の方もそれを黙認していたようである。

この紙芝居から、「黄金バット」などの大ヒット作も出た。

「黄金バット」とは、原作鈴木一郎、作画永松武雄で作られた紙芝居で、骸骨マスクに赤マントの黄金バットと呼ばれる魔人が悪人たちを懲らしめるストーリーである。「主人公が成長していくマンガ」の走りが「のらくろ」ならば、「変身する正義の味方マンガ」の走りはこの「黄金バット」といえる。また「正義の味方」という言葉は、黄金バットではじめて使われたものである。この黄金バットに、子供たちは夢中になり、ブームは瞬く間に全国に広がった。

戦前は、著作権などの概念があまりなかったので、「黄金バット」がヒットすると、各地の紙芝居作家が勝手に独自の「黄金バット」を描きはじめた。そのため、全国で様々な黄金バットが出現した。

紙芝居は、昭和恐慌で失業した人たちや、映画のトーキー化で職を失った弁士が、始めたものといわれている。黄金バットを作った鈴木一郎も失業者だったという。

「悪を倒す」という日本のヒーローマンガをつくったのは、昭和恐慌だったのである。

日本のアニメは実は戦前も凄かった！

現在、日本のアニメといえば、世界に誇る日本の文化となっている。

このアニメーションの分野は、戦後、手塚治虫などが切り開いたと思われがちである。確かに、手塚治虫のアニメーションにおける功績は巨大なものがある。

しかし、実は戦前の日本アニメもけっこうレベルが高かったのである。現代の日本のアニメの隆盛は、戦前のアニメーションの基礎の上に、あるといってもいいのである。

戦前も日本の映画会社は盛んにアニメーションを製作し、またアニメの製作を専門にする会社もあったのだ。少年倶楽部で大ヒットしたマンガ「のらくろ」も戦前すでにアニメ化されていたのである。そして、戦前のアニメの中には、現在も傑作として評価されているものもある。

表のように、戦前もかなりの本数のアニメが作られている。当時のアニメ技術を考えると、相当な数だといえる。

アニメが日本に初めて輸入されたのは、明治四二（一九〇九）年の春である。アメリカ・パテー社が製作した「ニッパールの変形」という作品だった。単純な勧善懲悪ものだったが、「なぜ絵が動くのだ？」というマジック的な興味も惹いて大評判となる。

そのわずか七年後の大正五（一九一六）年には、日本で最初のアニメーションが製作されている。画家や映画関係者など、三つのグループがほぼ同時期に、日本最初のアニメーションを製作したのである。この時期の日本の文化人たちは、世界最先端のメディアであるアニメにいち早く注目していたということである。

戦前の日本アニメは、短編ものが多く、劇映画との同時上映や学校の教育映画として作られていた。当時は、小学校では子供が映画館に行くのを禁止しており、その代わりに教育に好ましい映画を巡回上映していた。その際に、アニメ映画が必ず一本伴

戦前のアニメーション映画の製作本数

年	本数	時間
昭和5（1930）年	24本	307分
昭和6（1931）年	27本	246分
昭和7（1932）年	18本	225分
昭和8（1933）年	21本	264分
昭和9（1934）年	25本	258分
昭和10（1935）年	25本	256分
昭和11（1936）年	24本	234分
昭和12（1937）年	14本	136分
昭和13（1938）年	16本	165分

「『鉄腕アトム』の時代」（古田尚輝著・世界思想社）より

映されていたのである。

また軍が、啓蒙教育の一環としてアニメ製作を依頼することも多かった。軍の場合、予算も比較的に潤沢であったことから、質の高いアニメーションが作られることもあった。

一九四五年に封切られた「桃太郎・海の神兵」というアニメなどは、日本のアニメーションのレベルの高さを見せつけた傑作と言われている。

この「桃太郎・海の神兵」は、海軍の依頼でつくられたもので、南方戦線のパラシュート部隊の活躍を「桃太郎の鬼退治」になぞらえてストーリー化したものである。軍の宣伝映画ながら、アニメ特有のファンタジックな映像やユーモラスな場面なども随所に織り込まれている。

手塚治虫は、東京新聞のインタビュー記事「私の人生劇場」（昭和四二年一一月三日）の中でこの「桃太郎・海の神兵」を見た感想を次のように述べている。

敗戦の年の春、焼け野原のうす汚れた映画館で、私は「桃太郎・海の神兵」を観た。

日本の動画の歴史は、一般映画に比べてほとんど、お話にならないくらいみじめなものであった。そして作品にしても幼稚で、観て赤面するようなものが多かった。

しかし、「桃太郎・海の神兵」はちがっていた。全編にあふれる抒情性と夢が、私にはげしいショックを与えた。お恥しいながら私は感激の余り泣いてしまったのである。「日本でも、ついにこんな見事な作品が作れるようになったのか！」そのとたん、私の将来の方針はこれだと心に決めてしまったのだ。

当時すでに、アメリカではディズニーのアニメが人気を博していたが、昭和三（一九二八）年生まれの手塚治虫の少年時代は、日本が戦時体制に突入した時代であり、日本にはディズニーのアニメはほとんど入ってきていなかった（ディズニー初の長編アニメ「白雪姫」は、日本では戦後に公開された）。少年手塚治虫にアニメ製作を決意させたのは、ディズニーではなく日本の「桃太郎・海の神兵」だったのである。

遊園地、ジェットコースターもあった

現代の子供や若者たちのレジャーで欠かせないのが、ディズニーランドなどの遊園地である。

この遊園地、戦後にできたものと思われがちだが、実は戦前からあったのだ。

「休日に遊園地に連れて行ってもらう」というのは、戦前の子供たちにもあったことなのだ。

「ウォーターシューター」という、ジェットコースターの元祖のようなものもあった。ウォーターシューターというのは、船型の乗り物を急斜面の坂からプールに落下させるという趣向のものだった。

第五回内国勧業博覧会に、高さ一三メートルのものが出品されたのが最初とされ、戦前すでに豊島園やあやめ池（奈良）に本格的なものが設置されていた。

当時の遊園地は、ウォーターシューター以外では、メリーゴーランド、滑り台くら

いしか遊戯施設はなかった。今の遊園地から見れば貧弱だが、娯楽の少ない当時の子供たちにとっては、ディズニーランド以上の夢の国だったかもしれない。

戦前の遊園地は、私鉄の集客策として作られたものである。

西武鉄道の豊島園、京王の多摩川遊園、小田急の向ヶ丘遊園、東横電車の多摩川園、阪急の宝塚などが代表的な例である。

特に阪急電車は、様々な趣向を凝らした施設を作り、私鉄経営のモデルケースともなった。武庫川東岸に宝塚新温泉を開発したり、劇場を作りそこで少女たちによるショーを行った。今に続く宝塚少女歌劇団の成り立ちである。

また阪急電車は、沿線の土地を住宅地として開発し分譲地として売り出すということも始めている。

AKB48の前身「少女歌劇団」とは?

戦前には「少女歌劇団」なるものが大ブームになっていた。

少女歌劇団というのは、一五〜一八歳くらいの少女たちが、集団で唄ったり踊ったり劇をしたりするチームのことである。

まさにAKB48の前身といえる。

昔から日本人は、年端もいかない少女たちによる歌や踊りが大好きだったのである。

少女歌劇団の元祖は、明治四四（一九一一）年のことである。

デパートの白木屋が客寄せのために少女だけの音楽隊をつくったのである。これが人気を博し、全国各地に、少女音楽隊が生まれる。

それを見て関西の箕面有馬電気軌道（現在の阪急電鉄）の取締役だった小林一三《いちぞう》が、少女歌劇団をつくることを思いつく。当時、箕面有馬電気軌道は、宝塚に温泉を中心とした一大レジャー施設をつくっていた。少女歌劇団をその客寄せにしようと考えたのだ。

そして作られたのが宝塚少女歌劇団なのである。

宝塚少女歌劇団は、一〇代前半の少女たちに、専門の〝学校〟で歌や踊りを学ばせ、専用の劇場で公演させるというシステムである。AKB48と根本の部分は、ほとんど同じだといえる。

宝塚少女歌劇団は、大正三（一九一四）年に宝塚に新しくできた劇場で初舞台を踏む。この宝塚少女歌劇団は、爆発的な人気を呼んだ。

そのため、大阪の芸能企業大手の松竹も大正一一年に少女歌劇団をつくった。それが後の大阪松竹歌劇団（ＯＳＫ）である。

また少女音楽隊と同時期に、少年音楽隊も各地でつくられた。明治四四年に名古屋のデパート松坂屋が少年音楽隊を、翌年には大阪三越、京都大丸がそれぞれ少年音楽隊をつくった。この少年音楽隊は、ジャニーズの元祖といえるかもしれない。とにかく、日本人は、少年や少女に集団で歌や踊りをさせるのが好きなのである。

〝男装の美少女〟にハマる女性たち

戦前に大ブームとなった少女歌劇団は、実は今の宝塚の出し物とはちょっと違っていた。

少女歌劇団では、少女たちによる歌とダンス演劇などが行われていたが、宝塚のトレードマークである〝女優による男役〟は当初はなかったのである。いや、当初も、少女だけで演劇をしているわけなので、当然、男役も少女が担当していたが、髪を後ろに縛り上げて、即席で男役を演じるというだけのものだった。髪を短く刈り上げ、素の容姿から男役になりきる今の宝塚スタイルは、当初は採り入れられていなかったのだ。

少女歌劇団で、〝男役〟が最初に現れたのは、宝塚ではなく浅草である。昭和五年、浅草松竹座で、看板スターだった水の江滝子がシルクハットにタキシード姿で登場した。

大正四年に北海道で生まれた彼女は、幼児期に東京に引っ越し、昭和三（一九二八）年、松竹が東京で少女歌劇団をつくると、第一期生として入団する。昭和五年の公演で、男役を演じるために髪を短く刈り上げた。これが大評判を呼び、わずか一五歳でスターダムにのし上がった。

この少女歌劇団の〝男役〟の登場で、女性ファンが激増した。少女歌劇団では、それまで特に女性ファンが多いということではなかったが、これ以降は「少女歌劇団＝女性ファン」という構図になった。

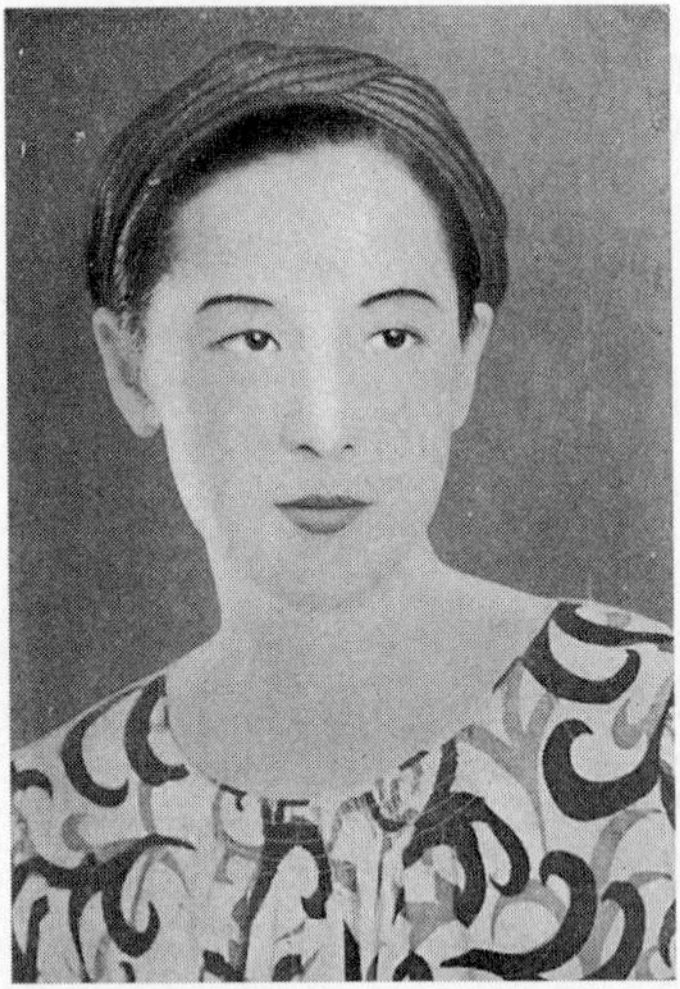
図5　水の江滝子

男役のスターだった水の江滝子や津坂オリエには、熱狂的な女性ファンも多かった。楽屋に忍び込み、水の江滝子が食べ残したうどんをむさぼり食べるファンがいたり、津坂オリエの家にファンが上がり込んで、奪い合うようにして洗濯などをしていたという。

彼女らの持ち物が盗難に遭うこともしばしばあった。昭和一四年には、楽屋に忍び込んでズロースや小物を盗んだ女性一四人を検挙している。

また彼女らには、女性のパトロンもついていた。

水の江滝子には、桂太郎元首相の娘、大倉喜七郎夫人、高橋是清の娘などが、津坂オリエには王子製紙の重役夫人などが、パトロンだったという。

昨今、「ボーイズ・ラブ」を描いたマンガなどが若い女性の間で人気になっているが、日本の女性文化というのは、昔から少し倒錯したものが多かったようだ。

社交ダンスの大ブーム

昨今、映画「SHALL WE DANCE?」などの影響で、社交ダンスが流行している。が、実は戦前にも、社交ダンスはブームになっているのだ。しかも、見方によっては今の社交ダンスの流行よりもはるかに大きなブームが起きていたのだ。

昭和初期の東京には、社交ダンスをするためのダンス・ホールがいくつもあった。中でも溜池にあった「フロリダ」は、当時、最高のダンス・ホールとされていた。

このフロリダは、ダンス・ホールとしての格式が高く、マナーにも厳しかった。マナーを守れない客は入場できなかった。ダンサーの中には、良家の子女も多かった。

フロリダには、夜な夜なダンスの心得のある、ちょっとお洒落な人たちが集まり、踊ったり談笑したりしていた。洋行帰りの華族の青年や、海軍士官、菊池寛など文士の姿もあった。そこには真の意味での「社交ダンス」があったのだ。

当時のダンス・ホールには、ダンスの相手をしてくれる踊り子がおり、客は入口でチケットを買い、ダンスをしてくれた踊り子にそのチケットを渡す仕組みになっていた。踊り子の女性は、当然、ダンスの技量を持っており、ダンス教室を開いている者もあった。また当然のことながら、美しい踊り子には人気が集まり、アイドル的な存在にもなった。

このダンス・ホールは昼間でも開いていた。昼間は、夜の半額で入場できたので、学生が昼休みに来ることもあったのである。

このダンス・ブームは、そもそも明治政府の欧米化政策が発端となっている。

明治政府は、欧米における社交界のようなものを日本にも作るために、鹿鳴館などをつくってダンス・パーティーを開いたり、欧米の良家の子女に欧米へ留学させ、社交ダンスを学ばせたりしていた。また帝国ホテルでは、定期的に舞踏会が開かれていた。

当然、ダンスの愛好家が増え、大正期にはあちこちにダンス教室やダンス倶楽部ができていた。大正一〇年ころには、新橋に「みさを会」、赤坂に「みどり会」、銀座に「キャバレー」などのダンス倶楽部があった。これらのダンス倶楽部には、月極めの会員のほか、会員の紹介があれば男性一円、女性五〇銭程度で入場できた。それらのダンス教室が発展し、ダンス・ホールになっていったのだ。

大阪では東京よりさらに一歩進んでいた。大正時代すでに、難波新地に「コテージ」というダンス・ホールができていた。大正時代には東京にはダンス・ホールとよべるものはなかったので、ダンス熱は大阪の方が高かったといえる。

「コテージ」は、最初はカフェーとして営業していた店だった。白系ロシア人の女給が二、三人いて、彼女らが客の求めに応じて社交ダンスを踊った。それが人気となり、ダンス専門のダンス・ホールに衣替えしたのである。

大正一二年頃の大阪には、「コテージ」のほかにも千日前に「ユニオン」、戎橋《えびすばし》北詰には「パウリスタ」など、大小二〇ばかりのダンス・ホールがあったという。

大正一二年に起きた関東大震災で、東京のダンス教室やダンス倶楽部は壊滅状態になった。そのためカフェーや料理店などのフロアで社交ダンスを踊らせてくれるところが増えた。震災後の東京では、カフェーが急増したが、カフェーでは女給と社交ダンスができる店も多かった。震災後の一時期の東京は、あちこちで社交ダンスが踊られ、「ダンス狂時代」とさえいえるような状態だったという（『ジャズで踊って』瀬川昌久著・清流出版）。

しかし、ダンスのできるカフェーの中には、風俗店まがいのものも増えていた。大正一四年、東京・湯島の喫茶店で、電気を消して客と女給が〝怪しいダンス〟を踊っているところに、警察が踏み込んだ。これ以降、ダンス・ホール以外の場所（カフェや料理店など）での社交ダンスは禁止となった。

その頃、大阪ではさらに大きな弾圧があった。

ダンス・ホールは、風紀上の問題があるとして、たびたび批判されることが多かったが、まだ営業規制まではされていなかった。しかし大正一五年、大正天皇逝去の日に、ダンス・ホール二〇店が普段通り営業されたのを見て、大阪市当局が激怒した。以降、大阪では、当局の規制により、事実上、ダンスホールは営業不可能な状態になった。

大阪を追われたダンス・ホールの事業者たちの一部は、近県に場所を移した。尼崎、宝塚、生駒など大阪との府県境に近い場所に、豪勢なダンス・ホールを作り、大阪や関西のダンス愛好家を集めた。

また大阪の事業者の一部は東京に進出した。それが、東京のダンス・ホール建設ラッシュにつながる。

東京では、昭和初期になってようやくダンス・ホールと呼べるものができた。八重洲口・日米信託ビル階上の「東京舞踏研究所」がそれである。これは東京のダンス愛好家八幡清がつくったもので、海軍中佐の高田義満が経営にあたった。大阪のダンス・ホール弾圧があった直後だったので、「ダンス・ホール」という名称は遠慮し、「舞踏研究所」というような堅苦しい名前をつけたのである。

ダンス・ホールの歴史が面白いのは、風紀上よろしくないとして、たびたび当局に弾圧される一方で、華族や軍人など国家の中枢にいる人がダンスを愛好し、普及に努めたことである。東京初のダンス・ホールも、パリでタンゴを習得してきた海軍中佐がタンゴの普及のために尽力してできたものなのだ。

初期のダンス・ホールでは有閑マダムたちの不貞事件などが時々起きた。ダンス・ホールで見知らぬ男女が、ダンスをするうちに惹かれあいコトに及んでしまうのである。そのためダンス・ホールでは女性客の立ち入りを禁止した。

女性客が出入禁止になった後、男性客はどうやってダンスをしたかというと、ダンス・ホールに専属のダンス相手の女性がいたのだ。ダンスのチケット制という日本特有のユニークな制度は、こういう経緯で生まれたのである。

関東大震災後、東京では急速な勢いでダンス・ホールが増え、昭和三年には渋谷百貨店内の「喜楽館」、新宿に「国華」、赤坂に「赤坂」、日本橋に「ベニス」などが相次いでつくられ、その数は三三か所に及んだ。

昭和四年に、警視庁から取締規則が出され、規則に適合しない場所にあるダンス・ホールは移転か閉鎖に追い込まれた。そのためほとんどのダンス・ホールが姿を消したが、規則に適合した近代的なダンス・ホールもつくられた。

これらの新しいダンス・ホールは、逆にダンス人気を高めることになった。冒頭に紹介した「フロリダ」も、昭和四年の取締規則制定後につくられたダンス・ホールである。この昭和四年ごろから太平洋戦争開戦までの間が、戦前のダンス・ホールの黄金時代だったのだ。

ジャズが大流行する

戦前の流行音楽には、ジャズも大きなウェートを占めていた。特に昭和初期には、ジャズが流行歌の主流となっていた。

ジャズというと、戦後、進駐軍などが持ち込んだと思われがちだが、実は戦前も流行していたのだ。

一九世紀末にアメリカで誕生したジャズ音楽は、短期間で爆発的な広がりを見せた。ニューオーリンズ・ジャズ、ディキシーランド・ジャズ、シカゴ・ジャズ、スウィング、ビー・バップなど、様々なジャズ音楽が瞬く間に全米を席巻し、世界中に広まったのである。その勢いは、太平洋を越えて日本にも及んだ。

大正時代から昭和初期にかけて、日本でもジャズの大ブームが起きたのである。日本で最初のジャズ・バンドは、大正一二（一九二三）年、神戸で誕生した「ラフィング・スター・ジャズバンド」だと言われている。このバンドは、井田一郎というミュージシャンと神戸の楽器店が中心になってつくられたものである。

井田一郎は、少年時代に三越音楽隊で音楽を学んだ。当時はデパートや劇場などが専属の音楽隊を持っていて、音感のある子供を集め英才教育を行っていた。だから、音楽隊出身者には、井田一郎のように優秀なミュージシャンになったものも多いのだ。井田は、三越音楽隊を出たあと、客船の音楽隊に入った。当時は、大型の客船には音楽隊が専属していることが多々あり、ミュージシャンたちにはけっこういい収入になったのだ。井田は、船で各地を巡るうちに、アメリカから発信され世界中で大流行していたジャズ音楽を会得した。そして日本でもこれを流行させようと、神戸でバンドをつくったのである。

井田のつくった「ラフィング・スター・ジャズバンド」は、ホテルなどのダンス・パーティーで、ディキシー・スタイルのけっこう高い水準の演奏を聞かせ、人気を博したという。「ラフィング・スター＝笑う星」というネーミングも、今のヒップホップグループやロックバンドにつけられてもおかしくない洒落たものである。

意外なことにジャズの流行は、東京より大阪の方が早かった。

大阪では大正時代にすでに、ジャズの生演奏を聴かせるダンス・ホールなどが何軒もあり、またデパートや歓楽街など様々な場所でジャズ演奏が行われていた。芸者たちに楽器を習得させてつくられた「河合サキソフォンバンド」というジャズ・バンドがあったり、道頓堀川の屋形船の上で演奏するジャズ・バンドもあったという。

東京でも学生を中心にジャズが流行し、学生たちによるジャズ・バンドもつくられていた。法政大学の「ラッカンサン・ジャズバンド」、慶応大学の「レッド・エンド・ブルー・ジャズバンド」などが、人気を博していた。

大正一四年には、「テルミー」などのアメリカのジャズ・ソングを日本語に翻訳した歌が、レコードに吹き込まれている。また同年にはラジオ放送が始まっており、ジャズのブームは一気に全国に波及した。昭和初期には、ジャズは都会の若者のみならず、農村部にまで浸透していたという。

当時使われていた「ジャズ・ソング」という言葉は和製英語であり、ジャズの唄だけにとどまらず、シャンソン、タンゴ、ルンバなども、欧米の流行歌は総じてジャズ・ソングと呼ばれていたのだ。現代でも軽音楽のことをすべて「ロック」と呼ばれることもあるが、ジャズという言葉もそういう使われ方をされていたのだろう。

昭和三（一九二八）年には、アメリカのジャズ曲を日本語訳した「青空」「アラビヤの唄」や、ジャズ風の歌謡曲「君恋し」が大ヒットした。

「青空」の「せまいながらも楽しい我が家」という歌詞には聞き覚えのある人も多いのではないだろうか。また「君恋し」も戦後フランク永井によりリメイクされており、ご存知の方も多いだろう。

昭和九年には、アメリカのジャズ曲「ダイナ」を日本語に訳したものをディック・ミネが歌って大ヒットした。ディック・ミネは戦後もジャズ歌手や俳優としても活躍した。

また日本レコード大賞を創設するなど、昭和の歌謡曲のドンだった服部良一も、戦前、ジャズの作曲家兼プレイヤーとして出発したのである。

大阪の料理店の音楽隊員だった彼は、当時の日本では珍しかったスチールギターを弾けるなど、ジャズプレイヤーとして当代一流だった。やがて編曲や作曲もするようになり、淡谷のり子の代表曲「別れのブルース」は、彼の昭和一二年の作品である。

もちろん、この戦前のジャズ・ブームは、太平洋戦争により途絶える。

昭和一五年には、ジャズ演奏の中心地だったダンス・ホールが一斉に閉鎖させられた。また昭和一八年には、ジャズなど欧米の楽曲一〇〇〇曲が演奏禁止になった。逆に言えば、一〇〇〇曲ものジャズや欧米の軽音楽が日本で愛好されていたということである。

服部良一やディック・ミネ、淡谷のり子などが戦後の歌謡界を引っ張ったことを見ても、戦前のジャズ・ブームは日本の音楽界に大きな影響をもたらしたと言えるだろう。

オペラが庶民の最大の楽しみだった

「戦前はオペラが大流行していた」

そういうと信じられない人も多いのではないだろうか？

オペラというと、現代の感覚から言えば、かなりヨーロッパの文化になじみがある人で、しかも高尚な人の趣味というイメージがある。普通の人が、オペラに行くことは、あまり考えられない。

しかし、戦前では、オペラを観に行くことはごくごく普通のことだった。

「戦前の人は、それほど教養があり、文化的な生活をしていたのか？」

というと、そういうわけでもない。

オペラという存在は、実は昔はそれほど高尚なものでも、教養深いものでもなかったのだ。というより、ごくごく普通の庶民の娯楽としてオペラは親しまれていたのである、
戦前では、芝居小屋が市民の重要な娯楽のひとつとなっていた。

なかでも、浅草オペラとよばれる浅草の劇場は、東京の名物ともなっていた。

なぜオペラだったのか？

オペラというのは、歌と劇が混ざったような出し物である。これが発展したものがミュージカルである。このオペラは、いかにも鍛錬を積んだというような、腹からよく通る声で歌うという特徴がある。普通の人の歌い方と比べると、不自然に力んだ感じがある。クラシックの声楽家は、皆、この歌い方をする。この妙に力んだ歌い方が、実はミソなのである。

というのも、昔は電気による音響機器などはなく、劇や歌は、出演者の地声だけが頼りである。となると、出演者はよく通る声を出さなければならない。

オペラやクラシックのあの力んだ歌い方は、マイクを通さずに会場に声を響かせなくてはならないためなのである（歌舞伎の独特の発声方法も同じ理屈である）。

そして、電気による音響設備がない中では、オペラという出し物は非常に理にかなったものだったのだ。よく通る声で芝居と歌を両方楽しむことができるからだ。

そのため、戦前の浅草では、オペラが大流行したのである。

戦前の浅草は、日本でもっとも栄えた歓楽街だった。その中心が六区と呼ばれる興行街である。現在でも浅草六区といえば寄席などが集まり、観光地として有名だが、戦前は今よりはるかに賑わっていた。

その日本一の繁華街、浅草で、昭和初期にもっとも流行していたのが、オペラなのである。

浅草オペラというのは、「オペラという形態をとっているだけで、演目は日本の大衆演劇的なものをやっていたのではないか」と思われがちだが、そうではない。曲りなりにも西洋のオペラに範をとっていたのである。

昭和四年、浅草・電気館では、欧米のオペラの演目である「サロメ」「椿姫《つばきひめ》」「カルメン」などがパロディー化されて上演されていた。本場の有名なオペラを日本風にアレンジしていたわけだ。

この電気館という名称は、別に電気店の中の劇場という意味ではない。当時は、「電気」という言葉が、新しいものの象徴として使われることが多かった。たとえば、当時、浅草で発祥した酒に「電気ブラン」というものがある。

浅草のオペラには、熱狂的なファンが多く、ペラゴロという言葉もあった。オペラばかり見ているジゴロという意味である。

また浅草のオペラには、当時の日本の優れた芸術家が結集していた。出演者の中には、著名な音楽家も多かったのだ。

たとえば浅草オペラのスターだった清水金太郎は、東京音楽学校（現在の東京藝術大学音楽学部）出身で、帝劇歌劇部の教師まで務めていた。同じくスターだった原信子も東京音楽学校を中退している。また浅草オペラの歌手だった園春枝は、東洋音楽学校（現在の東京音楽大学）出身である。

ちょうど、現在のテレビ界に日本中のいろんな才能が集まってきているように、当時は浅草オペラに集まっていたのである。

ちなみに、当時は流行歌の分野でも、音楽学校出の一流の音楽家を起用することが多かった。

日本の流行歌手の第一号と言われている藤山一郎も、東京音楽学校の声楽家を優秀な成績で卒業しており、クラシックの声楽家としても、日本で有数の実力を持っていた。藤山一郎と同時期にヒットを飛ばしている松平晃という歌手も、同じく東京音楽学校の師範科の学生だった。

第2章　「封建」と「近代」の混じり合い

戦前は心中事件がやたら多かった

戦前は、心中事件がやたらと多かった。

たとえば坂田山心中事件という非常に有名な心中事件がある。

「天国に結ぶ恋」

と言った方がわかりやすいかもしれない。

この事件のあらましはこうである。

昭和七（一九三二）年、神奈川県大磯の小高い丘で、若い男女が毒薬を飲んで心中した。男性の方は調所《ずしょ》男爵の一族で慶応大学生の調所五郎、女性の方は静岡の資産家の娘で元高等女学生の湯山八重子だった。

二人は結婚を約束した仲だったが、湯山家が反対したために、将来を絶望したとされている。

この心中事件は、世間の大きな関心を呼んだ。

理由の一つは、男女とも良家の子女だったことである。枕辺にはヘリオトロープの鉢や、「赤い鳥」の詩集が置かれており、当時としては非常に〝お洒落な〟生活感があった。死んでも醜い姿をさらさないようにと、女性の方は足を紐でくくってあった。また遺体を解剖したところ、女性がまだ処女だったことがわかった。そのため「至高の愛による心中事件」として、大きく報じられることになった。

この事件では、その後、女性の遺体が墓から掘り起こされて盗難されたり（すぐに発見された）、この事件の顚末《てんまつ》が「天国に結ぶ恋」というタイトルで映画化されるなど、当時、大きな話題となったのだ。

図6　調所五郎と湯山八重子

この坂田山心中事件に限らず、戦前は若い男女による心中事件が非常に多かった。

新聞に報じられただけでも、昭和一四年には千葉県の大学予科生（二一）と一七歳の少女が心中未遂、昭和一三年には日本医大生（二四）と東洋歯科医専門学校生（二〇）が服毒による自殺未遂、昭和一一年には明大生（二二）とカフェの女給（一七）が服毒心中して重体、昭和九年には詩人サトウハチローの実弟（一九）が女性事務員（二一）と自殺未遂。

現代に比べ、若い男女の心中事件の多さは異様に映る。

しかし、戦前に男女の心中事件が多かったのは、大きな理由があるのだ。

戦前の家族は、家父長制度という仕組みの中にあり、戸主（家長）が家族に対して絶対の権限を持っていた。結婚も、事実上、戸主の同意がなければできなかった。

明治八年には、「婚姻養子、離縁などは戸籍に記載しないと効力を発しない」という達しが出された。そして戸籍は戸主が届け出ることになっていたので、戸主の意にそぐわない婚姻、離縁などはできなかったのだ。

住む場所を決める時も、結婚する時も、戸主の同意が必要だった。また子供は父親に服従しなければならなかった。親の意見に背くものには「勘当」という法的な制度もあった。逆に言えば勘当されなければ、子供は親の命令に逆らうことはできなかった。

だから戦前の結婚は、親の意見が重要な意味を持っていた。親が許した相手じゃないと結婚するのは難しかった。そのため戦前、恋愛結婚は非常に少なかった。

親の許しを得られない恋人は、結婚を諦めるか、心中という手段しかなかったのである。

その代わり、戸主は家族を養う義務があった。戦前は浮浪者が比較的少なかったが、それはこの戸主制度が一つの要因だと考えられる。

また戸主には、家族に対する教育の義務、徴兵に応じる義務もあった。学校に行かなかったり、徴兵検査を逃れたりすれば、戸主が責を問われた。

つまり戸主は、家族の中で最高権力者であり、家族に対する全責任を負っていたのだ。

家長は、普通は父親がなり、父親が早世した場合は、母親か、長男、長女が継いだ。だから父親が早く死んだ場合は、戸主は長男となることも多く、長男には弟、妹を扶養する義務が生じる。戦前、兄が弟や妹の学費を出してやったり、兄夫婦と独身の弟、妹が同居することは、ごくごく普通のことだったのだ。

先進国の中で高い乳幼児死亡率

戦前の日本は、建国以来、急激に欧米化し、二〇世紀初頭には「一等国の仲間入りを果たした」と自負していた。確かに産業面、軍事面では、目を見張る進展があり、

戦前の各国の乳児死亡率（新生児100人のうち1歳までに死亡する割合）

	明治24年～28年	昭和8年
日本	14.7%	12.1%
イギリス	15.1%	6.4%
フランス	17.1%	7.5%
イタリア	18.5%	11.0%（昭和7年）
ドイツ	20.5%	7.7%
オランダ	16.5%	4.4%
アメリカ	データなし	5.8%（昭和7年）

欧米列強と肩を並べるレベルに達していた。

しかし、文明国のバロメーターである「国民福祉」については、まだまだ後進国だったといえる。

その国の医療レベルを示す数値に、「乳幼児死亡率」がある。乳幼児死亡率は、医療が発達すると減るのである。表のように、この数値を見た時、戦前の日本は欧米諸国にかなり水をあけられていることがわかる。

実は明治時代には、乳幼児の死亡率は欧米との差はそれほどなかった。明治二〇年代、乳幼児の死亡率は一五パーセント前後だったが、これは、当時のイギリス、フランス、イタリア、ドイツなどのヨーロッパ諸国とほとんど変わらないのだ。江戸時代の乳児死亡率の記録がないので、明治に入って乳児死亡率が下がったのか、江戸時代からそれなりに衛生的な暮らしをしていたのかは、定かではない。なにはともあれ、明治初期には、欧米諸国と日本との間に、それほどの差はなかったのである。

しかし二〇世紀に入って、ヨーロッパの国々が急激に乳児死亡率を下げたことに比し、日本はあまり変化がなかった。昭和八年の乳児死亡率は、日本では一二・一パーセントだったが、イギリスでは六・四パーセント。他のヨーロッパ諸国も軒並み数値を下げている。

これはヨーロッパ諸国が、第一次大戦以降、社会福祉が充実し、貧困層も病院に診てもらえるようになったことに反し、日本では社会福祉政策が遅れていたということがいえる。

つまり、大正から昭和にかけての日本は、国民福祉などを顧みる余裕がなかったといえる。

戦前はなぜ子沢山だったのか?

戦前の日本は、今と違って、急激な人口増社会だった。

明治維新から終戦までの間に、日本人の人口は三倍近く増加している。

この人口増が、実は戦前の日本が海外に領土を求めた一つの要因でもあった。

当時の日本は産業の大半が農業である。明治以降、急激に工業化が進んだとはいえ、終戦期まで日本の就業人口の約半数は農業者だったのだ。

農業で人口を養う場合、国土の広さが大きな意味を持つ。狭い日本列島では、三倍増にもなった人口を養う事ができない。そのため、明治維新直後から日本はハワイや南米などに移民の途を求めた。

また新しく獲得した領地、台湾や韓国、満州なども移民先となった。戦前の日本にとって、植民地の獲得は、国民を食べさせて行くための手段でもあったのだ。

それにしても、なぜ戦前の日本は人口が急増したのか?

「戦前は富国強兵政策をとっており、子供をたくさん産むことが奨励された」

と解釈されることが多い。

しかし、この解釈には疑問がある。

出生率は、大正九（一九二〇）年まで緩やかに上昇していたが、大正一四年くらいから低下に変じている。それ以降は、昭和二〇（一九四五）年まで低下傾向は変わっていない。

夫婦の子供数の平均は、大正四（一九一五）〜大正一三（一九二四）年では五・二人だったのが、大正一四（一九二五）～昭和九（一九三四）年では四・六人、昭和一〇（一九三五）～昭和一九（一九四四）年では三・二人になっている。

これを見ると、軍国主義がやかましくなった昭和に入ってから、出生率は低下していることがわかる。つまり、戦前の日本人は富国強兵のために子供を作っていたわけではないのだ。

ならば、なぜ子供が多かったのか？

まず第一に考えられるのが、明治以降、堕胎《だたい》が罪になったことである。明治一五年に堕胎法が施行され、堕胎することは罪となった。西欧キリスト教諸国と対等に付き合っていこうと躍起になっていた明治政府としては、堕胎は許すわけにはいかなかったのだろう。

江戸時代は、堕胎は普通に行われていたことである。江戸時代は、二五〇年間あまり人口の変動がないが、これは増えすぎた場合は堕胎をしてきたことが大きいと思われる。

堕胎をしなければ、当時は避妊の方法があまりなかったので、子供を産むしかない。戦前の日本の人口増は、つまりは堕胎ができなくなったことが大きく影響していたのだ。そして貧乏人ほど子供が多いという現象も生じていたのだ。

それは人口ピラミッドを見ても、確認できる。前述したように、昭和に入ってから人口増のペースが下がった。それは昭和に入ってから、避妊の方法が格段に進歩したからである。

大正一三年、荻野久作博士が、排卵日と月経との関係を明らかにした「荻野学説」を発表した。昭和二年には、雑誌「主婦之友」が荻野式の避妊方法を紹介している。

またコンドームも昭和になってから実用化された。

当時は色街で遊ぶことが普通のことであり、コンドームも普及していなかったことから、梅毒にかかる人も多かった。まだ特効薬もなかったため、一般の家庭にもかなり入り込んでいた。

梅毒などの性病は、花柳病と言われ、戦前の家庭の大きな悩みでもあった。そこに昭和九年、岡本理研によりコンドームが開発される。ラテックスのゴムが輸入されるようになり、そこからコンドームが作られたのだ。コンドームは、最初は避妊用ではなく、性病防止のために作られたものである。それが避妊具として、普及することになった。

日本に限らず先進国のほとんどは二〇世紀に入ってから、出生率が大きく下がっているが、これは荻野博士やコンドームが最大の要因だといえるだろう。

成年男子の一〇〇人に一人が性病にかかっていた

戦前、性病の罹患者が非常に多かった。

当時、性病は花柳病と呼ばれた。遊郭などでうつされることが多かったからだ。

戦前、性病の届け出義務はなかったので、明確な統計はない。ただ、徴兵検査のときの性病の検査を行っており記録が残っているので、そこから推測することはできる。

昭和八年の徴兵検査は、検査人数が六五万一二四〇人、そのうち性病に罹っているものは、七八四七人である。青年男子のだいたい一・二パーセントが性病に罹っていたということである。この罹患率は、どの年もあまり変わりがなく、一パーセント前後となっている。

この表を見ると、性病に罹っている人はかなり多いようである。現在、日本の梅毒患者は、三万五〇〇〇人程度とされ、全体の〇・一パーセント以下である。だから戦前は、今の一〇倍以上の性病罹患者がいたということになる。ただ戦前はコンドームなどが普及していなかったことを考えると、そう多いとも言えないかもしれないが。

昭和八年の徴兵検査時の性病罹患状況

検査人員	六五万一二四〇人
梅毒	一三七一人
軟性下疳	一六五四人
淋病	四八二二人
性病患者計	七八四七人

大正九（一九二〇）年の性病罹患者の感染源調査

娼妓	五四・一%
芸妓	五・八%
酌婦	一七・八%
女工	一・七%
妻	二・五%
その他	一八・〇%

また大正九年には、性病罹患者の感染源の調査が行われている。予想通りというか、まずもっとも高いのが娼妓（売春婦）である。芸妓とは、芸者さんのことである。芸者は基本的には売春はしないが、客と愛人関係になることは多

い。そのため性交の機会も多いのだろう。

酌婦とは、酒場で働く女性のことであり、現在のホステスのようなものといえる。

ただし、地域や店によってはこの酌婦も闇で売春をすることもあった。たとえば、群馬県では、酌婦からの感染がもっとも多かったのだが、戦前の群馬県は公娼（売春）を認めていなかったので、酌婦が闇でその役目を担っていたのだ。

若者がこぞって参加した〝青年団〟とは？

戦前の若者を語るとき、欠かせない存在に「青年団」がある。

しかし、青年団について、これまで語られることは少なかった。

それは、青年団は若者の生活にあまりに根付いており、彼らにとっては「当たり前の存在」だったので今さら語る必要もなかった、ということでもあるだろう。実際、筆者が青年団について調べても「青年団とはなんぞや？」ということを、きちんと説明してくれる文献というのは、ほとんどなかったのである。

だが、「青年団」というものは、今の若い人にとってはほとんどなじみのないものであり（一部の農村などを除けば）、未知の世界である。なので、本書としては青年団について、改めて語っておく必要があると思われる。

青年団というのは、一定年齢の若者が入会する地域の集団である。

現在の感覚でいうならば、「子供会の若者版」というところだろう。農村などでは、その地域のほとんど若者が、否応なく参加していたようである。

この青年団は、実は古い起源をもっている。

一説には、源頼朝が鎌倉幕府を開いたとき、各地の行政を助けるために、土着の青年たちによって、「若連中」という団体を作らせ、謀反人、犯罪者などの摘発や、祭事の運営にあたらせたのがはじまりだという。

江戸時代には、もっとはっきりと全国各地に若者の地域集団組織があった。「若連」「若者仲間」「若衆組」「若者連合」「若中」などと呼ばれたこの集団は、だいたい一五歳から四〇歳までの青年男子が参加し、地域の治安警備、祭事、火消しや水防などを担っていた。

彼らは神社の中や、お寺の庫裡《くり》などに、集会所を持っていた。これは、「若衆宿」などと呼ばれ、若者たちは仕事が終わるとここに集まってきた。ここで家庭のこと、仕事のこと、女性の話などに興じ、寝泊まりする者もいた。いわば地域公認の若者たちの「溜まり場」というようなものだったのだ。

この若者団体が、明治になって青年会、青年団となっていく。ときは文明開化の世なので、それまでの地域行事への参加だけではなく、作文の綴り方を習ったり、討論会をするなどの勉強会も行われ始めた。

やがて明治の終わりごろになると、この青年団は政治的に利用され始める。当時は社会主義思想が日本にも入ってきた。そして若者たちの中には、社会主義に傾倒するものが大勢あらわれ、社会主義運動も活発になってきた。日本でロシア革命みたいなことが起きるかもしれない、と恐怖を覚えた日本の為政者たちは、日本の若者に社会主義思想が蔓延する前に、うまく体制側に取り込んでしまおうと考えたのだ。

国や地方行政当局は各地域の「若者連」などの集団を、「青年会」「青年団」として編制替えし、正式に地域の団体として認め、補助金を出したり、指導をしたりすることにしたのだ。

明治四〇年頃、全国の道府県では、各地域へ青年会の設置を働きかけた。

このときの青年会の設置目的としては「青年が道徳や社会秩序を学ぶ場所」「小学校の延長として学問ができる場所」「農業技術などの普及」「青年の身心の鍛錬」などが挙げられている。

具体的な活動としては、これまでの治安警備的な役割に加え、夜学の開設、講演会、音楽会、運動会、スポーツ大会などの開催などである。

簡単にいえば、青年会という末端組織を作ることで、社会主義者などの反社会的な人間をこのままでないように思想教育しつつ、ストレス発散や、ガス抜きの機会も設け、併せて農業技術の改善などにもつなげようということである。

各地域の青年会は、交流し合い、体育会など全国規模での催し物もたくさん開かれた。

ただ青年会、青年団が体制側の思想統制の道具として、きちんと機能していたかというと、そうでもないようだ。

社会や大人に反発するのが若者の性でもある。

大正時代から昭和初期にかけては、各地の青年会、青年団の中でも、政治的な発言をしたり、社会主義に傾倒したり、体制側に反発するものも増えてきた。

昭和恐慌時には、代議員会などに賃下げ反対の声明を送りつけたり、「自主化運動」（上からの管理を排除する）が、昭和初期の青年会の大きなテーマでもあったのだ。また普通選挙の実施の働きかけも、強力に行っていた。

若者というのは、いつの時代もそう簡単に大人に取りこめられるものではないのだ。なので、行政側も、青年会、青年団には相当手を焼いたようである。普通選挙が実施されたのも、青年会、青年団の影響もあったのだ。青年会、青年団は、普通選挙を激しく要求していたのだ。

ただし満州事変をきっかけに、青年会、青年団はまったく体制に取りこめられてしまう。というより、青年会、青年団自らが、「時局重大」「お国のために」という方向性を打ち出すのだ。満州事変というのは、日本の青年たちをそれほど熱狂させた事件でもあったのだ。

以降、青年団は軍の末端組織のごとくなってしまい、国防訓練などが活動の中心になっていく。そして戦争も中盤になると、青年自体がほとんどいなくなったため、青年団の活動も休止状態となる。

戦後、農村を中心に青年団は復活し、新しい民主的な活動を展開しようとしたが、農村の過疎化、高齢化とともに、現在は消滅の危機に瀕している。

カレーライス、アイスクリーム、カルピス……急激に豊かになった食卓

明治以降、日本の食卓は急激に洋風化し、豊かになった。それは摂取カロリーに明白にあらわれている。

一人あたりのカロリー摂取量は、明治前期一六六三キロカロリーだったが、大正時

代には二二一八キロカロリー、昭和前期には、二八一一キロカロリーとなった。明治前期と昭和前期では、カロリー摂取量は一・七倍になったのである。

戦前の日本では、洋食もかなり普及していた。

パンは江戸時代末期に入ってきており、鳥羽伏見の戦いのとき、すでに薩摩藩はパンを兵糧食として使っているのである。

明治二（一八六九）年には横浜の氷水店がアイスクリームを売り出している。

江戸時代末期慶応三（一八六七）年に、日本で最初の洋風レストラン三河屋が、神田橋外にできた。

明治三年には民間の乳牛業者「牛馬社」が誕生している。これは慶応元年につくられた将軍御用のためのバター製造施設が民間に払い下げられたのだ。

明治初期には、東京をはじめ各地に牛鍋屋ができていた。明治五年には天皇の食卓にも牛肉が出されている。

また明治一〇年には、すでに東北地方で洋食屋があったという記録がある。上野の精養軒、築地の月新亭、茅場町の海陽亭など、有名になった西洋レストランも多い。

日本人というのは、新しいもの好きというか、珍しいもの好きというか、まだ幕末維新で社会が混乱しているときに、食文化は欧米化が始まっていたのである。

カレーライスは明治時代から、庶民の食事として大人気になり、昭和初期にはすでに大衆食堂でもメニューにあった。刑務所でもカレーライスが出ていたという。囚人たちには大人気メニューで、昼がカレーということがわかると、囚人のみならず看守でさえ浮き浮きしていたという。

調味料も大きく変貌した。西洋料理の調味料が入ってくるとともに、日本独自の調味料も続々と開発されていった。

江戸時代、関東で流行していた酢は、明治になって大々的に製造され全国に普及した。

明治三六年には、愛知県の農家、蟹江一太郎が西洋の調味料トマトピューレーを真似てトマトソースを開発し、明治四〇年にはトマトケチャップ、翌明治四一年にはウスターソースを開発した。

明治四一年、東京大学理学部教授の池田菊苗《きくなえ》が旨味成分である「グルタミン酸ソーダ」抽出の工業化に成功した。これは世界的な新技術である。神奈川県の食品業者が商品化し「味の素」が販売される。「味の素」は、昭和四年に特許が切れ、食品業者がいっせいに製造を開始し、一挙に一般家庭に普及した。この「味の素」は、現在では世界中で使われており、日本から世界に普及した食文化の走りだといえる。

菓子や清涼飲料も、明治以降急速に普及した。

江戸時代、砂糖は島津藩の専売品であり稀少商品だった。が、明治以降、製糖業の発達により、砂糖が広く出回るようになった。

また製粉業の発達により、パン、麺類、お好み焼きなど多彩なメニューが登場することになったのだ。

明治三二年には、洋菓子の森永が創業、キャンディーの製造販売を始めており、翌明治三三年には文明堂がカステラの製造を始めた。

カルピスは、大正八年七月に登場した。

三島海雲（カルピスの創業者）という青年が中国大陸に渡り、モンゴルの部族でしばらく生活した。モンゴル人たちが大きなカメに作っていた乳酸飲料がとても美味しかったため、これを模倣して作ったのがカルピスだという。

このカルピスは、「初恋の味」というキャッチフレーズにより、爆発的なヒット商品となった。大正一二年には、ドイツのデザイナーが発案した黒人が長いストローでカルピスを飲んでいるマークを使うようになった。この洒落た図案もまたカルピスのヒットを後押しした（この図案は、現在は黒人差別につながるとして使用されていない）。

このように急激に豊かになった戦前の食卓だが、今と比べればやはりまだまだ貧しかった。

昭和六年と昭和五〇年の比較では、牛乳、乳製品が一八・九倍、油脂一三・五倍、肉類は八・七倍、砂糖は七・七倍、小麦三・四倍、魚介類二・四倍、果実二・一倍、野菜一・五倍、米は〇・六六倍になっている。

このように、乳製品、油脂、肉類の摂取量は戦後になって急激に増えたのである。今のような食生活が出来るようになったのは、戦後のことだといえる。

また戦前で食生活が豊かだったのは主に都市部の住民であり、農村などでは、ごはんが中心で、おかずは非常に貧弱だった。裕福な農家でも、肉や卵、魚などが毎日食卓に上るようなことはなかった。

「日本文学全集」「風と共に去りぬ」……戦前のベストセラー

戦前から、日本人は非常に読書好きだった。当時すでに数十万部というクラスのベストセラーも出ている。

昭和初期には、「円本」という書籍が大ブームになっている。円本の第一号は、昭和元年に登場した「現代日本文学全集」である。全六三巻を一冊一円で予約販売したのである。そのため円本と呼ばれたのだ。

この「現代日本文学全集」は「尾崎紅葉集」だけで三五万部、全体では五〇万部を

図7　改造社版全集の内容見本より

超える大ベストセラーとなった。五〇万部というと、現代でも大ベストセラーである。当時は今と比べれば、まだ社会は豊かではなかったので、この売れ行きは驚異的である。

なぜこれほど売れたのか、というと単純に安かったからである。

この円本は、一冊平均五〇〇ページもあった。それが一円だったわけだ。一冊一円というのは、現在の貨幣価値では二〇〇〇～三〇〇〇円であり、今の感覚から見れば決して安くはない。しかし、それまでの本はもっとずっと高く、円本というのはこれまでの半額以下だったのだ。

そもそもこの円本は、雑誌「改造」を出していた改造社が、倒産寸前になり、起死回生の策として作ったものである。改造社は、もともとは左翼系の本などを出していた出版社だが、関東大震災のあとは、出版不況が続き瀕死の状態に置かれていた。

そんなとき、若い社員が「自分たちでも買える安い本を」というアイディアを出した。当時の本は、安くても二円以上だった。現在の貨幣価値で四〇〇〇～五〇〇〇円である。これでは若い社員の給料では、そうそう買えるものではない。そこでこれまでの半額以下でちょうどキリのいい数字の「一円」で文学全集を売り出すことにしたのだ。

単価を安くするということは、部数を伸ばさなくてはならない。当時の本一冊の原価（紙代、印刷費など）は五〇銭程度だった。諸経費を含めると、一万部以上売らないと元が取れない。本を一万部売るというのは、現在でもけっこう大変である。当時ならば、「至難の業」だといえた。

しかし改造社は、このままでは経営が行き詰るのは見えていたので、とりあえずやってみようということになった。

それが当たったわけだ。

この円本のヒットは、本の売上の〝桁〟を増やしたと言われている。これまでは、せいぜい数千部売れればヒットだったのが、数万部、数十万部のヒットが出るようになったからだ。

改造社の「現代日本文学全集」のヒットを受けて、ほかの出版各社も全集モノに乗り出した。主なものをざっと挙げても、新潮社「世界文学全集」全五六巻、平凡社「現代大衆文学全集」全六〇巻、春陽堂「明治大正文学全集」全六〇巻、アルス「日本児童文庫」全七〇巻という具合である。

作家たちも、この円本ブームのおかげで生活が楽になった。それまで、作家というのは貧乏なものというのが通り相場だったが、円本により大金を手にできるようになったのだ。

たとえば、尾崎紅葉の本は三五万部売れたが、著者印税がだいたい一〇パーセント前後なので、三万五〇〇〇円ということになる。当時の平均月収が五〇円前後なので、六〇年分である。今の貨幣価値で言うならば、三億円以上ということになるだろう。

三五万部は極端な例としても、一万部売れただけでも一〇〇〇円が入ってくるのである。当時の一〇〇〇円は、家を一軒建てられるお金である。そういう収入を得た作家が続出したのだ。

プロレタリアート系と呼ばれる作家たちも、円本の恩恵に浴した。プロレタリアート系の作家というのは、左翼運動を文学で表現していたものたちである。戦前、このプロレタリアート系の作家は結構多かったが、彼らの作品はそう売れるものではなかったので収入は少なかった。しかし、彼らは、ロシア文学などの翻訳も副業でやっており、円本ブームで世界文学全集が売れたため、翻訳の印税だけで相当な収入を得たのである。

急に豊かになった作家たちの中には、洋行する者もあった。

たとえば、久米正雄は夫婦でパリに行った。プロレタリアート系の作家（秋田雨雀や中条百合子など）もこぞってソ連（現在のロシア）に行った。

また昭和二年、円本に対抗して岩波書店が文庫本を発行する。円本が一円で五〇〇ページ近いのに対して、文庫本は一〇〇ページ前後で、二〇銭である。ページ数も値段も、ちょうど円本の五分の一にしたものだ。二〇銭で本を買えるという手軽さからこれもヒットした。

全集、文庫本というのは現在まで続く「売れ筋商品」であるが、それは昭和初期に端を発しているのだ。

図８　『怪人二十面相』

ところで、戦前は、どんな本が売れていたかというと、主な売れ筋は夏目漱石や尾崎紅葉などの文学作品だった。夏目漱石というと、今の我々から見ると、哲学的で若干とっつきにくい印象があるが、当時はまぎれもなく流行作家だったのである。

探偵小説や怪奇小説も人気を博していた。江戸川乱歩の「少年探偵団」は戦前の作品であり、雑誌「少年倶楽部」に連載され爆発的な人気を博した。江戸川乱歩の小説を真に受けるものも多く、犯人不明の殺人事件では、新聞にたびたび江戸川乱歩を疑う投書などが寄せられた。

怪奇小説作家の夢野久作も同じころ活躍した。昭和初期は「エロ、グロ、ナンセンス」と言う言葉が流行したが、「グロテスク」の部分については、江戸川乱歩や、夢野久作に負うところが多いのだ。

また海外翻訳小説もけっこう売れていた。アメリカのマーガレット・ミッチェルによる『風と共に去りぬ』は、すでに戦前に発売されている。アメリカと一触即発の関係にあった昭和一三年に翻訳発表されたが、当時かなり話題になっていたという。

日本人はなぜ〝新聞好き〟になったか?

現在、日本の家庭のほとんどは新聞を取っている。

これは実は世界的に見れば、珍しいことである。全国のほとんどの地域で、毎日、新聞を各家庭に配達するという文化は、世界にあまり例がないのだ。

世界的に見て、日本人は非常に〝新聞好き〟なのである。それは読売新聞が断トツの世界一の新聞発行部数だということを見ても明らかである。

そして、どの家庭も新聞を読むという文化は、戦前からすでにあった習慣なのである。

新聞は、明治三年の「横浜毎日新聞」が発祥だと言われている。その後、新聞は急激に発行部数を伸ばした。

明治三一年には「大阪朝日新聞」が一〇万部、「萬朝報」が九万部、「大阪毎日新聞」が八万部、「東京朝日新聞」が四万部となった。明治末期から大正後半にかけて、義務教育が生き届いて、「たいがいの大人が文字を読める」ようになったことが、新聞の発展の大きな要素といえるだろう。

そして新聞発行部数の増加には、戦争が大きく関係する。

特に日露戦争、第一次世界大戦を境に、新聞各紙は大きく部数を伸ばす。

大正時代後半、「大阪朝日」「大阪毎日」は公称一〇〇万部、東京の「朝日」「日日」「報知」はそれぞれ七〇～八〇万部だった。朝日新聞は増刷に追い付けず、大正一一年にはそれまでのマリノリ型輪転機に変えて、朝日式高速輪転機（アメリカ・アール社製）を導入している。

日露戦争では、各紙が特派員を派遣し、通信のための船をチャーターするなど、取材競争が激化した。スクープ合戦はこの当時からあったのだ。また「新聞の号外」が、世間に認知されたのも日露戦争の頃である。各紙が号外を濫発し、朝日など一日に五回発行したときもあった。

また日露戦争では、新聞にまつわる重大な事件が起きている。日露戦争終了後、講和条約が結ばれたときに、賠償金が出ないことなどから国民が反発し、日比谷公園など各地で焼打ち事件が起きた。

この講和に関して、当時の大手紙のうち、国民新聞を除く各紙はこぞって、「講和反対」を掲げた（大阪毎日は中立的な記事）。その結果、国民新聞社は、焼打ち事件の標的となり、暴徒に器物破損されたり、社員に負傷者が出るなどの被害を被った。

一方、講和反対の主張を掲げた新聞は、政府から何度も発行停止の処分を受けた。大阪朝日などは発行停止三回の新記録を作った。

しかし、このとき講和に反対した新聞は、国民の支持を得てその後部数を伸ばし、講和を歓迎した国民新聞は、その後部数減で廃業してしまった。

この事件は新聞の経営に大きな影響を与えることになる。

「威勢のいい好戦的な記事を書けば部数が増える」

これに味をしめた新聞各紙は、満州事変から太平洋戦争まで、好戦的な記事を書き続ける。新聞各紙には、日本を泥沼の戦争に陥れた責任の一端があるのだ。

年賀状が大流行した理由

戦前、郵便と電話はすでに人々の生活に溶け込んでいた。

明治四（一八七一）年、それまで飛脚によって行われていた郵便が、官営の近代システムによる郵便制度に切り替えられた。明治六年には、郵便料金が全国一律になり、郵便の利用が急激に増えた。

明治三二年には、年賀郵便が開始されると、年賀状が大流行した。

それまでは、世話になっている人などには正月に直接挨拶しにいくのが、恒例となっていた。が、年賀状の登場で、年賀状だけで新年の挨拶が済まされるようになったのである。

昨今、メールで年始のあいさつをする人が増え、年賀状が減ったといわれる。が、そもそも年賀状自体が、儀礼を簡素化したものだったのだ。面倒な儀礼というのは、時代を経るごとにどんどん簡素化されていくものなのだろう。

郵便と同様に、電話の普及も早かった。

日本に初めて電話が引かれたのは、明治二三年のことである。グラハム・ベルが電話を発明してから、わずか一四年後のことである。

当初の加入者は東京が一五五名、横浜が四二名に過ぎなかった。

しかし、電話は急速に普及し、九年後の明治三二年には加入者は一万人を超え、街頭には公衆電話も作られた。昭和期には、電話で遠方の人と会話することは、庶民の間でも普通のことになっていた。

「オールバック」「ロイド眼鏡」……けっこうお洒落なモダンボーイたち

戦前のファッションというと、和服を中心としたもので、バリエーションもなく、お洒落じゃないと思われがちである。特に戦時中は、男は戦闘服、女性はもんぺ姿のようなイメージがある。

しかし、実は戦前の人々も、けっこうお洒落な格好をしていたのだ。

たとえば、昭和初期のジャズ風の流行歌「月は無情」には次のような歌詞がでてくる。

当時流行のモダンガール
ボップ頭に引き眉毛
紅い口紅ハンドバック
短いスカート太い足

当時流行のモダンボーイ
オールバックにロイド眼鏡
派手なショールにセーラー・ズボン
長いオーバーでチャールストン

この歌詞は、当時、銀座あたりを闊歩していたモダンガール、モダンボーイたちの格好をうたったものである。赤い口紅をひいてハンドバッグをさげて颯爽と街を歩く女性がいたり、オールバックにロイド眼鏡の男性がカフェーでコーヒーを飲んだりしていたわけである。今でも十分通用するような、お洒落な格好である。

戦前というと和装のイメージがあるが、洋装も結構普及していた。特に背広などの紳士服は、明治末期にはかなり普及していた。ただ女性の洋装は遅く、昭和に入ってからようやく普及しだしたようである。

大正一四年の調査では男性が六七パーセント洋装だったが、女性は九九パーセント和装だった。

女性の洋装普及が遅いのは、洋服が高くて手を出せなかったのではなく、洋装自体があまり好まれなかったのである。むしろ、和服の着物は洋服よりも高く、洋装というのは貧乏くさい印象もあったのだ。

また洋服を着た女性は、不良だとかラシャメン（外人の妾《めかけ》）などと呼ばれ、蔑まれる傾向にあった。

しかし白木屋デパートの火災の際、和服の店員たちが、裾の中を見られるのを気にして救助袋に入れぬまま焼死したり、また関東大震災のときに、袖や裾が巻きついて体の自由を失って逃げ遅れる女性がたくさんいたことなどが、洋服普及のきっかけとなったと言われている。特に下着類は、白木屋の火災の後、急速に普及したようである（それ以前の和服の女性たちは、下着をつけていなかった）。

洋服は、家庭縫製などで作られることが多かった。高等女学校の教材で、ベビー服、女児服、婦人服などが取り上げられたり、「婦人之友」「主婦の友」などの婦人雑誌の付録に型紙がついていたりしたのだ。

当時の洋服は店で買う場合も、一着一着をその人に合わせて仕立てるのが主流だった。一定のサイズで大量に作られる「既製品」の洋服が普及するのは、戦後になってからのことである。

第3章 現代よりずっと凶悪だった子供たち

小学生による殺人事件が多発

戦前の子供というと、今の子供より純朴で善良だったのではないか、というイメージがある。

しかし、実際のところはまったく逆で、戦前の子供たちは、今よりずっと凶悪で早熟だったのである。

戦前は、義務教育が小学校までだったので、小学校を卒業すればすぐに働きに出る子供たちも多かった。また貧富の差が激しく、貧しい家の子供は、食事にも事欠くような厳しい生活をしていた。そのため心が荒んだ子供も多かったようである。

たとえば、少年（二〇歳未満）による殺人の件数は、昭和一一（一九三六）年には一五三件あり、昭和一〇年代は、だいたい年間一〇〇件以上である。現在は、年間一〇〇件を超えることはほとんどない。人口当たりの比率を見ても、戦前の方が断然多いのだ。

戦前は、小学生同士の喧嘩が殺人事件になったケースがけっこうある。

たとえば、昭和三年六月には、埼玉県の小学四年生（一二）が賭け事をしていて喧嘩になり、一四歳の工員をナイフで刺して殺害している。昭和四年七月には、千葉県の小学六年生が隣村の小学生と喧嘩になり、ナイフで胸を刺して殺害している。昭和七年二月には、鹿児島県の小学六年生が小学校高等科の生徒（一四）と喧嘩してナイフで腹部を刺し殺害。同じく昭和七年五月には、大阪の小学六年生が野球のことで同級生と喧嘩になり、雪駄で腹部を殴り、この同級生は三週間後に死亡している。昭和八年九月には、山口県の小学六年生（一三）が小学校高等科の生徒（一四）と将棋で遊んでいるうちに喧嘩になり、雪駄でめった打ちにして殺害している。

これらの事件は、いずれも現代であれば社会問題にさえなりうるような大事件である。どの事件も、ワイドショーが数週間は引っ張りそうな衝撃度である。そんな事件が戦前は毎年何件も起きていたのだ。

現代の子供もたまに殺人事件を起こすが、そんなとき決まって言われるのが「今の子供は喧嘩をしたことがないので、手加減を知らない」ということである。しかし、それはまったく的をはずれたものだといえる。戦前の子供の方が、まったく手加減を知らないのである。

またこれらの事件から、戦前の子供は、喧嘩のときに容易に武器を持ち出していることが窺える。ナイフで刺す事件がこれだけ多いということは、ナイフを日常的に持ち歩く小学生が多かったということでもある。

芥川賞作家の柏原兵三が戦時中の疎開での小学生の生活を著した「長い道」という作品でも、当時の小学生が喧嘩のために自転車のチェーンを持ち歩いたり、鉄を線路に置いて薄くしてドスをつくる様子が描かれている。この「長い道」では小学生たちがヤクザの抗争さながらに、腕力による権力争いを繰り広げる様が詳細に記されている。

「長い道」に限らず、戦前の子供の生活を描いた書物には、ガキ大将が腕力にモノを言わせて鉄拳制裁を加えたり、他の子供からオヤツやおもちゃなどをとりあげる場面がでてくる。その中には、武器を使って金品をせびるなど、「しゃれにならない」事柄も多々ある。

たとえば、「昭和の子ども遊びと暮らし」（青木正美著・本邦書籍）では、ガキ大将が自分に奢らない年少の子供に制裁を加える様子が出てくる。

戦前の子供が、純朴で善良だったなどというのは、まったくの認識誤りだといえるのだ。

酒鬼薔薇聖斗事件とそっくりの猟奇事件

平成九（一九九七）年、日本中を震撼させるような事件が起きた。中学生が児童二名を殺傷し、三名に重傷を負わせたいわゆる〝酒鬼薔薇聖斗事件〟である。この事件では、犯人が中学生だったこともさることながら、遺体の首を切断し校門の前に置くという猟奇的なものだったので、世間は驚愕《きょうがく》した。

そして、教育評論家や有識者などは、こぞって「今の子供たちはゲーム感覚で人を殺す」などとして、その要因は〝現代性〟にあるとしていた。

しかし、その分析はまったく見当違いのものである。

というのも、これとそっくりな猟奇事件が実は戦前にも起きているからだ。

戦前の少年犯罪を研究した本『戦前の少年犯罪』（管賀江留郎著・築地書館）によると、昭和一三（一九三八）年の正月、兵庫県神戸市で、一七歳くらいの少年が、晴れ着姿の女の子（七）を林に連れ出して絞殺し、顔二か所を刃物で切り、性器から腹にかけて一〇センチ以上切り裂き、腹に文字を刻みつけた。一月六日には、この事件の新聞写真とともに、「コノ少女ヲ殺シタノハ自分ダ。コレカラ先キマタ殺スカモ知レナイカラ注意セヨ」という脅迫文を警察に送りつけた。

本当に起きたこととは信じがたいほど、残虐な事件である。

この事件のみならず、戦前には青少年による猟奇的な事件が多発している。

昭和一四年には千葉県で一五歳の工員が、小学校二年生と小学校五年生の女の子を相次いで殺害した後、屍姦。遺体はナイフで腹から胸まで裂き、内臓が見えていたという。この事件などは、平成元年に起きた連続幼女殺害事件を彷彿とさせるものである。

また昭和四年三月には和歌山県で二一歳の石炭仲仕が、幼稚園児の幼女（八）をレイプ目的でトイレに連れ込んだところ、騒がれたので絞殺している。同年五月には東京北多摩で、二一歳の男が小学三年生（九）の女の子をわいせつ目的で麦畑に連れ込み、鎌で殺害している。

これらの事件を見ると、戦前は今よりももっと青少年による猟奇的な事件が多かったといえる。子供たちの残虐性ということなら、戦前の方がはるかに強かったのである。

学生たちはいつもストライキをしていた

学園紛争というと、「日米安保闘争」が行われていた昭和三〇年代、四〇年代の出来事というイメージを持っている人が多いだろう。

しかし、学園紛争ということにかけては、戦前の方がはるかに激しく、また件数も多かったのだ。戦後の学園紛争は安保紛争などごく限られた期間のことだが、戦前の学園紛争というのは、明治の中頃ぐらいから、終戦直前まで頻繁に起きていた。

特に旧制高校には、各校ともストライキに関する何らかの逸話が残されているものである。

たとえば、仙台にあった二高では、明治三〇（一八九七）年に、当時の校長を排斥するストライキを行っている。学生が校長を排斥するためにストライキを起こすなど、今では考えられないことだが、戦前の高校ではけっこう行われたことなのである。

新潟高等学校では、昭和五（一九三〇）年、左翼学生に対する処分に不満をもった学生たちがストライキを決行し、学生二七名が検挙され、二四名の退学除名者を出す事態となっている。この新潟高等学校は、翌年も校長を排斥するストライキを行い、一三名が除籍、諭旨退学などの処分を受けている。しかし当の校長も翌年、辞任している。この校長はリベラリストとして定評のあった八田三喜という人で、引退を目前にこの憂き目にあったのだ。

校長排斥のためのストライキというのは、旧制高校の名物のようなもので、少しでも校長に不満があると、すぐにストライキが行われた。『旧制高校物語』（秦郁彦著・文春新書）によると、数え方にもよるが十数人から二〇人程度の校長は、この排斥運動のやり玉に上がったという。しかも、このストライキで責任をとって辞めさせられる校長もけっこういた。

また校長排斥のためのストライキはまだいい方で、とんでもない理由でストライキが行われることもあった。

昭和九年には山口高等学校で、寮内に芸者を入れた学生が二か月の停学処分を受け、学生がそれに反発して、ストライキを起こした。一二人が無期停学などの処分を受けた。

寮内に芸者を入れるなど、今の常識から言えば、ほとんど無法地帯に近い。それを処分したら、反発してストライキをするのだから、学校側から見ればどう扱っていいかわからない、というものだろう。

ただ当時の高校生では、今の高校生にはあり得ないような、骨のある行動を行うこともあった。

昭和四年秋、姫路高校の生徒と地元の連隊の兵と懇談する機会があったとき、姫路高校の生徒総代が兵士に向かって「満州を侵略すべきではない、君たちはどう考えているのか」と質問したという。後日、連隊側が高校に抗議したが、この生徒総代は「当然のことを言ったまで」と言って、謝罪や反省をしなかった。そのため、この生徒総代は諭旨退学処分にされてしまった。

この件について、生徒たちが不満を持ち、全校ストを決行した。

この事件は、新聞でも報じられた。慌てた父兄たちは、籠城した生徒たちに対し「危篤、帰ってこい」などの電報を打ち、帰省する生徒たちも続出し、学生側の敗北に終わった。この事件は、生徒総代の名前を取って河本事件と言われている。この河本とは、元衆議院議員、自民党河本派の領袖でもあった河本敏夫のことである。

高校のみならず、中学校でもストライキはけっこう行われていた。

たとえば元法務大臣の稲葉修は、中学生のときに祭りの日を学校も休みにしろと要求してストライキを起こし、退学になっている。また下村湖人の自伝的小説「次郎物語」では、信頼する教師が退職させられたことをきっかけに、中学生たちがストライキを計画する様子が描かれている。いずれも昭和初期の話である。

戦前といえば、言論の自由が著しく制限され、人々は自由に物が言えなかったというような言われ方をされる。しかし、こと学生に関する限り、そんなことは絶対になかったと思われる。

今の学生は、学校に不満があるからといって、ちょっとやそこらのことでストライキを起こしたりはしない。それを考えれば、戦前の学生の方がよほどこらえ性がないというか、世間に対して甘えた考えを持っていたといえる。

尾崎豊も真っ青！　暴れる高校生たち

また学生たちはストライキだけではなく、騒乱もたびたび行っていた。

たとえば、昭和一〇（一九三五）年には、松本高校の生徒三三〇人が温泉旅館で酒を飲んで騒ぎ、窓ガラスを何枚も割り、障子をすべて壊して池に放り込み、池の鯉を殺して食べ、女中を布団蒸しにしてその上で飛び跳ねるなどをした事件が起きている。この騒乱は、毎年恒例の駅伝大会が中止され一泊旅行に変更されたことに学生たちが反発したものだという。

それにしても、これ以上ないというほどの暴れぶりであり、これに比べれば校舎の窓ガラスを割った程度の尾崎豊など可愛いものである。しかも、この事件では、処分者は一人もいないというのである。

学生によるこれらの騒乱行為は「ストーム」と呼ばれ、学校側や近隣住民から迷惑がられていた。しかし、このストームでは、そうそう学生が逮捕されたりしなかったため、学生たちは味をしめて何度も繰り返したのだ。今の少年法は甘いなどとよく言われるが、戦前の社会の方がもっと学生や子供に甘かったようである。

また旧制高校の蛮行として「賄征伐《まかないせいばつ》」というものもある。

これは、寮の食堂で破壊行動などを行う、という行為である。

当時の高校では、基本的に寮生活になっており、学生は寮の食堂で食事をする。育ち盛りの高校生たちにとって食事は最大の関心事でもあった。

寮の食事は業者に委託するのが普通だった。そして、献立などは業者と学生側の間で、申し合わせて決められた。

しかし業者は、低い等級の米を使うなど、決められた材料よりも質を落としたりすることがある。それに対して、学生たちは食器を壊すなどの実力行使に及ぶことがあり、これが「賄征伐」と呼ばれたのだ。

学生たちが、大勢で示しあわせて奇声をあげ、おひつや食器などを床にたたきつけるのだから、業者としてはたまったものではない。

「賄征伐」で業者が受けた損害は、当然、学生の食費に反映される。だから、学生としては損なのである。それでも賄征伐が、旧制高校の名物のようにしてたびたび行われたということは、学生たちにすれば、有り余ったエネルギーのはけ口の一つでもあったのだろう。

また「賄征伐」などのリスクが多いので、旧制高校の学生食堂の運営は、業者にとってあまり旨味のある仕事ではない。というより、業者の間では「旧制高校の食堂を引き受ければ身代をつぶす」ともいわれていたため、まともな業者はほとんど入ってこなかった。なので、食堂の賄いはますます質の悪いものになっていったのである。

ちなみに、元総理大臣の中曾根康弘は、旧制静岡高校時代、炊事委員をしていた。炊事委員は、寮の食事を管理するという当時の高校生にとっては重要な仕事だったが、彼はその難しい仕事をそつなくこなしていたという。

超エリートだった旧制高校生

戦前の旧制高校生などが悪かったのには、当時の教育システムも大きく関係している。というのも、当時は中学生や高校生は、厳しい競争を勝ち抜いたエリートであり、世間から一目置かれた存在だったのである。

戦前、義務教育は小学校までだった。中学校には、希望者だけが試験を受けて入ることになる。当時の中学校は五年制であり、今の中学校と高校を併せたような存在である。この中学校には、小学校卒業者の三〜四割しか入れない。中学校に入るために浪人する者も少なくなかった。下村湖人の自伝的小説「次郎物語」では、主人公と主人公の親戚が、中学校の入学試験に失敗し、浪人する話がでてくるが、当時としてはまったく珍しいことではなかった。

そのため中学受験は過熱した。

家庭教師をつけることも珍しくなく、書店には参考書が溢れていたのだ。井上靖の自伝的小説「しろばんば」では、田舎で小学校に通う主人公が、中学校の入学試験を受けるために、教員の家に勉強を見てもらいに行く、という話がでてくる。このようなことは、当時はよくあったのである。

その先の高校受験も難関だった。なにしろ、戦前、高校というのは、全国で三五校しかなかったからだ。高校に入れるのは、適齢人口一パーセントにも満たないのである。今の大学への進学率よりもはるかに狭き門である。

つまり、当時の高校生というのは、エリート中のエリートだったのである。

高校の定員と帝大の定員はほぼ同数だったので、高校を卒業すればだいたいどこかの帝大に入れた。帝大の中には、無試験で高校卒業者を受け入れていた学部もあったくらいである。

なので、高校に入ることが、当時の学生にとって最大の関門だったのだ。大学浪人はほとんどいなかったが、高校浪人は腐るほどいたのだ。

そのため高校に入ったら、天下を取ったも同然という気分になったのだろう。それが、「傍若無人の旧制高校生」と生んだと考えられる。

また高校生は、皆ある程度、「裕福な家庭」の子息だった。『旧制高校物語』（前掲）によると、昭和一五年当時、高校生は学費が年八〇円、下宿代等の生活費は月三〇〜三五円程度かかったという（ほとんどの高校生は寮に入るか下宿していた）。当時の小学校教員の月給が五〇円程度だったので、子供を高校に入れるには、かなり裕福じゃないと無理だったのだ。

つまり、旧制高校生というのは、「いいところのお坊ちゃん」で「将来を約束されたエリート」だったのだ。必然的に横暴になったのだろう。

賭け事ばかりしていた戦前の子供たち

昨今、昔の子供文化がブームになっている。

ベーゴマ、メンコ、ビー玉、けん玉など、そのころの子供たちの遊び道具や、駄菓子屋などが、「古き良き日本」として紹介されることも多い。

これらの子供文化は、大正、昭和にかけて、東京の下町から広まったものである。ベーゴマ、ビー玉、メンコなど「古き良き時代の子供」を象徴している子供の遊びの数々、実は当時の大人たちはこの遊びに眉をひそめていた。ベーゴマ、ビー玉、メンコなどは、教育上好ましくないとしてたびたび大人社会からやり玉に挙げられることがあったのだ。なぜかというと、これらの遊びは基本的に、「賭け」で行われるからだ。ベーゴマ、ビー玉、メンコは、勝ったものが負けたものから、それをもらえるルールになっていた。

ベーゴマというのは、牛乳のキャップほどの直径の鉄でできた薄い駒である。薄いバケツなどの上にシーツ状のものを敷いて、〝床〟をつくり（関東式）、その床の上でいくつもの駒を回転させ、一番、最後まで回っていた駒が勝ち、というルールである。単に勝ち負けを決めるだけの遊びもあったが、「本気」の場合は勝ったものが敗けた駒をもらえることになっていた。

メンコは、きれいな絵や写真がプリントされた丸や四角のカード状の厚紙のことである。最初にメンコを一枚下に置き、対戦者はそのメンコに別のメンコを投げつける。下に置かれたメンコが風圧などで裏返ったら、投げつけた方の勝ちとなる。メンコの状態がそのままの場合は、今度は攻守交代し、下に置いていたメンコの持ち主が同様の攻撃を行う。

ビー玉は、直径二～四センチ程度のガラス玉である。ルールはゴルフに似ていて、穴を目指してビー玉を投げ、一番早く決められた数の穴に入れたもの勝ちである。途中で、相手の球にぶつけて進行を妨害するような攻撃もある。

メンコでも、ビー玉でも「本気」の場合は、勝ったものが敗けたもののメンコやビー玉をもらえるルールになっていた。

ベーゴマやメンコを売って商売をする子供もおり、またベーゴマやメンコを巡ってカツアゲや万引きなどの犯罪が起きることもしばしばあった。

「最近の子供たちはゲームばかりするからダメだ」

と今の子供たちは言われているが、昔の子供たちも「賭け事ばかりしてダメだ」と言われていたのである。

また当時でも、今と同じような遊び道具もあった。

図9　ヨーヨーに興じる子供たち

たとえば、ヨーヨー。これは江戸時代からある日本の玩具だが、昭和六年にロンドンでブームになり、ヨーロッパ、アメリカを経て、昭和七年の暮れに日本に再上陸し、大ブームとなったのだ。一時は、月産五〇〇万個も製造していたが、ブームは一年で終わり昭和九年にはほとんど売れなかったという。ヨーヨーは、今でも数十年ごとにブームが起きるが、それは戦前からのことなのだ。

また今でも縁日では水ヨーヨーというものが売られているが、水ヨーヨーも昭和初期のヨーヨーブームのときに出現したものである。水ヨーヨーとは、風船に水を入れてヨーヨーのようにして遊ぶものである。本物のヨーヨーの代わりに、誰かが考え出して、縁日などで売ったのである。これが意外に人気を呼び、本家のヨーヨーがまったく人気がなくなっても、縁日の定番として今でも売られているのだ。

また大正ボードという乗り物も流行した。

前にひとつ、後ろに二つ車輪がついている三輪車で、車体は板でできている。ハンドルが小さく、片方の足を板の上に載せて、片方の足で地面をけって走る。ちょうど今のキックボードのようなものである。

当時は自転車を持っている人はまだまだ少なく、子供たちはこの「大正スケート」を乗り回していたのだ。ただこの大正ボードは、普通の子供は買ってもらえず比較的裕福な子供の遊び道具だった。

駄菓子屋という危険な場所

「あんた、さきにここで見張っててちょうだい。その間に、あたいが食べる。そしてあたいが食べてから、あんた食べるの」

れい子は言った。洪作は頷いた。洪作は見張っているように言われたので、れい子が店先の将几《しょうぎ》に腰掛けてトコロテンを食べている間、道路のあちこちに眼を向けていた。何を見張るのかよく判らなかったが、れい子の父か母の姿でも見えたら、すぐれい子に合図してやらねばならぬと思った。れい子はトコロテンを食べ終ると、洪作のところにやって来て、

「こんどはあんたの番」

と言った。

これは井上靖の自伝的小説「しろばんば」の一節である。

主人公の洪作は小学生で、親戚の女の子のれい子と海に遊びにいった帰りの出来事である。れい子が、洪作に駄菓子屋でトコロテンを奢ってくれた。駄菓子屋で買い食いすることは、当時も親から禁じられており、見つからないように見張りをたてて食べていたわけである。二人は、トコロテンの他にも、ラムネ、ミカン水、落花生を駄菓子屋で食べた。

しかし、二人は家に帰ってから、腹痛を起こして戻してしまう。吐瀉物《としゃぶつ》から買い食いしたことがばれ、医者からきつく叱られるのである。

これだけを読めば、まあ、子供のころにありがちな失敗談ということになるだろう。

しかし、この話は実は笑って済ませられないものなのである。というのは、戦前の駄菓子屋での買い食いというのは、子供にとって命にかかわるものでもあったからだ。

駄菓子屋というと、中高年以上の人たちにとっては、ある種の哀愁を帯びた記憶の中にあるのではないだろうか？

ガラスケースの中に並べられたするめ、ラムネ、ソース煎餅、昆布。店先に吊るされたクジ。コマやビー玉、メンコ、おもちゃのピストルや模型などなど。

駄菓子屋は古き良き昭和時代の象徴とされることもある。

しかし、しかし、である。

我々が子供のとき、親や教師から言われていたことが記憶にないだろうか？

「駄菓子屋で買い食いしては絶対にダメ」

ということである。

親や教師は、別に嫌がらせで、駄菓子屋通いを禁止していたわけではない。重大な理由があったのである。

昭和初期、駄菓子屋がもっとも栄えた時代である。

戦前の子供たちには、戦後のような娯楽はなかった。彼らにとって、駄菓子屋は大きなおもちゃ箱のような存在だった。

駄菓子屋というのは、商売の素人がもっとも手軽に始められるものだった。仕入れの値段もそう高くはない、店舗もそう大きくなくていい。店番も、本を読みながらでもできる。だから、未亡人や働き手を失った家、仕事がなくなった人などが、やっていることが多かった。かの樋口一葉の家も、下級役人の父親が死んでから、駄菓子屋を営んでいた。

そのためもあって、衛生環境はあまりよくなかった。そして、それは当時の子供にとって、笑いごとでは済まされなかったのだ。

戦前は、ちょっとした病気で死ぬことが多かった。

昭和一〇年代の死亡率は、一位は結核、二位は肺炎、気管支炎、そして三位に胃腸炎が入っている。

胃腸炎というと、現在でいうところの腹痛である。今の感覚では、単なる腹痛で死ぬとは信じられないが、当時は抗生物質などがなかったのでそういうことにもなったのだ。

特に抵抗力の弱い子供は、すぐに胃腸炎で死んでしまった。

なので、子供が駄菓子屋での買い食いすることを親たちは禁じていた。当時の駄菓子屋は、今よりもずっと衛生状態が悪かった。冷蔵庫はないので、食品も傷みやすい。水道もなく、食器の洗浄なども不十分だった。その中で、もんじゃ焼きやトコロテンなどを店先で調理していたのである。

しかも有効な薬もないのである。親としては、子供にそんなものを食べられたら、たまったものではない。

戦後の子供たちも、親や学校から、

「駄菓子屋に行ってはいけません」

と言われて育ってきたが、戦前の場合は、その意味合いははるかに深刻だったのである。

少女たちの間で刺青が流行

現代、少女たちの間で刺青《いれずみ》が流行し、眉をしかめている大人世代も多いようである。しかし、その大人たちの祖母たちの世代で、すでに刺青が流行していたこともあるのだ。

戦前には、盛り場をうろつく不良少女たちも現れていた。

「スケバン」「ナンパ」「コマシ」などの現在も若者たちの間で使われる隠語も、この当時から使われていたのである。

彼女たちの中には、徒党を組んで、不良少女団を結成するものもいた。不良少女団では、お互いにニックネームで呼び合う。「スペードのお初」「紅団のお辰」「カルメンお君」などのニックネームが本当にあったという。一昔前の漫画に登場しそうなニックネームである。

昭和九年に、東京少年審判所が盛り場で保護した少女は二二七人いた。年齢の内訳は以下の通りである。

一〇歳以下……九人
一一歳〜一二歳……一三人
一三歳……九人
一四歳……一六人
一五歳……二五人
一六歳……五〇人
一七歳……六三人
一八歳……四〇人
その他……二人

これを見ると、一七歳がもっとも多い。一七歳くらいの少年少女は、今でも最も危ない年頃とされているが、戦前でも同様だったようだ。
しかし、保護された少女たちの職業を見ると、現代との明確な違いが感じられる。職業の内訳は以下である。

女中（ほとんどが住み込みだったと思われる）……七五人
女給……四〇人
芸妓……一二人
学生……九人
仲居……六人
工員……四人
看護婦……三人
店員・事務員……四人
その他……一〇人
無職……四九人

これを見ると、戦前の不良少女は、女中など何らかの職業についていた者が多いことがいえる。現代の不良少女のほとんどは、学生か無職なので、その面ではかなり違う。戦前の不良少女は、幼いうちから働きに出され、しかもその職場は決して温かいものではなく、そのうっぷん晴らしに街に繰り出している、という様子がうかがえる。

そして、そういう不良少女たちの間で、刺青が大流行したのだ。

刺青といっても、やくざのような本格的なものではなく、簡単な文字や図柄を腕などに彫るのである。大掛かりの刺青ではないので、多少の技術があるものに頼めば気安くできたそうである。縫い針やガラス破片などを使って自分で彫ることもあったという。また刺青ではなく、絵の具で図柄を描いて刺青に見せかける少女たちもいた。

不良少女たちだけではなく、昭和初期には、女学生の間でも刺青が流行し、社会問題化したこともあった。

戦前の少女たちも、黙って親の言うことを聞き、大人しく花嫁修業をしていたばかりではないのである。

第4章　海外旅行ブームもあった！

海水浴、避暑、湯治　……けっこう誰でも旅行をしていた

戦前の国民の多くは貧しく旅行などしていなかったように思われるが、決してそうではない。けっこう誰でも旅行していたのだ。むしろ、忙しくてなかなか旅行できない現代人よりも、頻繁に旅行していたかもしれない。

昔は宿代が今よりも割安だった。

当時の平均的な旅館は、一泊一円〜二円である。これは現在の貨幣価値にしてせいぜい三〇〇〇円〜六〇〇〇円程度である。

たとえば大正七年の宿泊費は、千葉県銚子海水浴場は一泊二食で一円五〇銭、一之宮海水浴場では一円、大原海水浴場では八〇銭〜一円七〇銭となっていた。一か月以上の滞在はだいたい一日八〇銭だった。

当時の労働者の賃金が一日一円五〇銭〜二円程度だったので、賃金半日分で一泊二食付の宿に泊まれるわけである。

また戦前には、木賃宿と言われる極端に安い旅館もあった。

安いところは二〇銭程度であり、普通の旅館の何分の一かの値段だった。現在の貨幣価値にすれば一〇〇〇円以下である。もちろん、食事などは出ず素泊まりが基本である。素泊まりであっても、宿には泊まれる。あまり豊かではない家庭でも、木賃宿を使えば旅行が出来たわけだ。

温泉場には、湯治客のための安い宿があった。

湯治宿は、だいたい大部屋で、客は雑魚寝のような状態で泊まる。食事ももちろん出ないので自炊である。客は、薪代として若干の代金を払う。昔の湯治客というのは長期滞在することが多かったので、この手の宿は非常に多かった。農家が農閑期に一家で長逗留するということも珍しくなかった。今でも一部の温泉では、この手の湯治宿が残っている。

また当時は民宿や観光旅館がそれほどなかったので、都市の住民が農家や漁師の家の一室を借りて、避暑や観光に来るというケースも多かった。戦前は、旅館営業に関する規則がうるさくなかったので、家の中に空き部屋があったりすれば、簡単に貸間業を営んでいた。なので、ちょっとした知り合いの家の部屋を、夏の間だけ借りるということが少なくなかったのだ。

そういう〝簡易民宿〟の農家や漁師は、客にその地域でしか食べられない食事を出してくれたり、海や山に遊びに連れて行ってくれることもあった。

また戦前は、青年の間で、「無銭旅行」が流行していた。寺や小学校の宿泊室に泊まって徒歩で旅行をするのである。下村湖人の「次郎物語」や、司馬遼太郎の「坂の上の雲」など、戦前を描いた小説やエッセイなどにも無銭旅行のことはたびたび登場する。若者が数人連れだって、何も持たずにぶらりと旅にでるのだ。

彼らは時には親切な土地の人に一宿一飯の恩恵に預かることもあった。寺社や普通の民家が、旅の人を突然泊めるということもよくあったようだ。

「周遊列車」「新婚列車」「スキー列車」が登場

戦前は、鉄道などの交通機関による物見遊山もけっこう整備されていた。今でいう「パック・ツアー」のようなものも、すでにお目見えしたのだ。

明治二六年二月、日本鉄道（後の国鉄）が、水戸偕楽園《かいらくえん》の梅を観る周遊列車を運行した。上野から東北本線、水戸線経由で偕楽園に行き、偕楽園で遊んだあと、駅に戻れば列車が待っているだけというシンプルなものだったが、これが大ヒットとなった。

このヒットに続けとばかりに、日本鉄道は、明治二七年には、土曜、日曜に限り日

図10　日本初のロマンス・カー（京阪電鉄）。各社はこのような豪華な車両を投入し、集客につとめた。

光への周遊列車を走らせた。定時に上野を発車し、日光で観光した後、夕方にまた同じ列車で戻ってくるというものだ。これも大ヒットし、以降、伊豆温泉、湘南海岸、三浦半島など、観梅、花見、紅葉、松茸狩り、温泉巡りなど様々な周遊列車が走るようになった。

明治三八年七月一五日、総武鉄道が走らせた両国―銚子間の周遊列車について、当時の新聞（東京朝日新聞）は次のように語っている。

「乗客中には麦藁帽子、半袴、脚絆、草鞋《わらじ》の客も多く、また浮気稼業の女将女中等の連中も見え、また老婆隊も少なからず、夫婦は相携えたるもの、老幼相扶け行くもの、など総勢四百余名午前五時十五分銚子をさして出発したるが、発車後七、八分にして乗りおくれし連中三、四十名も駆け付け来り、これら

図11　昭和初期の比叡山スキー場

は六時の通常車にて出発したり」

　また新婚旅行のための列車もあった。

　当時の新婚旅行のメッカは熱海であり、大安吉日の東京から熱海方面に向かう列車は、新婚カップルが多いので、新婚列車と呼ばれた。そのため国鉄は、このルートの列車を増発するなどした。

　戦前に、すでにスキー列車もあった。

　スキーが日本に輸入されたのは、明治四四年のことである。オーストリアの軍人、フォン・レルヒ少佐が高田の歩兵連隊に教えたのが最初だとされている。それ以降、各地でスキー講習会が開かれるなどして、急激に愛好家が増えた。

　日本鉄道は明治四五年、ツーリスト・ビューローという旅行案内所（日本交通公社の前身）を作り、観光需要の掘り起こしに努めていたのだが、このツーリスト・ビューローが、日本で流行しつつあったスキーに目をつけたのだ。

大正の終わり頃から盛んにスキーの宣伝をし、札幌郊外の奥手稲山、志賀高原、上ノ原高原、谷川連峰などにスキー・ヒュッテ（スキー小屋）を作ったり、スキー客の便宜を図った。これらのスキー・ヒュッテは現在でも使われているものもある。昭和に入るとスキーは若者を中心に大ブームとなり昭和一〇年ごろではスキー列車は、通勤ラッシュ並みの混雑になったという。

はとバスの原型「東京市内遊覧バス」

昭和になると、自動車が走るようになり、バス交通が急速に整備された。それとともに遊覧バスと呼ばれる観光バスが登場した。この遊覧バスは、後の「はとバス」の原型といえるものだ。

関東大震災の後、東京はバス路線が急速に整備された。それまで、東京の交通の中心は市電だったが、地震で市電はメチャクチャに破壊され、交通はマヒしてしまった。

それを見た東京人たちは、バスの重要性を認識したのである。

昭和初期、バスによる交通網が整備されてくると、東京市内を巡る「遊覧バス」というものが登場する。

この遊覧バスは、東京乗合自動車というバス会社が運行を始めたもので、車体は黄色く、地球と「ユーラン」のマークが側面に描かれていた。定員は一六人から三〇人で、今で言うならばマイクロバスといった大きさである。

このバスの天井は驚くなかれ、ガラス張りだったという。丸の内のビル群を下から眺められるようにという工夫だった。が、当時の技術では限界があり、雨漏りがひどかった。そのため、雨の日は傘をさしてバスに乗る羽目になったという。

昭和一〇年、東京市電気局が運営する東京市内遊覧バスには、銀座、深川不動尊、清澄庭園、浅草、上野公園、靖国神社、明治神宮、国会議事堂、三越デパートなどを巡るコースがあった。

夜間コースもあり、ダンスホール、浅草六区、吉原遊郭などを巡った。吉原遊郭では実際に客が「上がった」かどうかは定かではないが、地方出身者が一度は行ってみたい場所を心得たコース取りではあったといえる。この夜間コースは二円だった。

この遊覧バスは、東京、上野、新橋、新宿に発着所が設けられ、地方から上京した人が使いやすいようになっていた。料金は大人三円三〇銭、子供二円三〇銭、団体二円八〇銭だった。現在の貨幣価値にして、大人で一万円前後というところだろう。

また当時からすでに女性のバスガイドがいた。

バスガイドは、昭和三年正月、九州・別府から始まった。別府は有名な温泉地であり、九州では有数の歓楽街だった。この別府の「亀の井バス」が、温泉地の地獄めぐりの際に女性案内人を乗せたのが最初とされている。

前述の東京市内遊覧バス（はとバスの原型）も、亀の井バスのすぐ直後、昭和三年七月にバスガイドを採用している。開業当初は男性のガイドだったが、すぐに女性のガイドに代わったのだ。

彼女らはバスガールと呼ばれ、たちまち若い女性憧れの職業となった。その採用には、「東京の女学校卒業」「容姿端麗」「東京在住」など厳しい条件があった。応募倍率は一〇〇倍を超えることもあったという。現在のキャビン・アテンダントのような存在だったのだ。

すでに〝海の家〟もあった

日本人の生活にすっかりなじんでいる海水浴。

戦前の人々も、すでにこの海水浴を楽しんでいた。

海水浴というのは、実は明治以降、西洋から入ってきたレジャーである。

日本は海に囲まれた国なので、海と縁のある生活をしてきた。海産物をとったり、塩を作ったり、また海は運送手段としても重要な位置を占めていた。しかし、それだけに「海で遊ぶ」という発想はなかなか出てこなかったようだ。

海水浴を日本に広めたのは、松本順という初代陸軍軍医総監だといわれる。彼は、西洋で行われていた海水浴を、まず自分で行った。持病のリュウマチが治ったことから、日本中に広めようと考え、明治一八年、大磯海岸に海水浴場を開き、翌年には海水浴の効用を述べた『海水浴法概説』という本を出した。

やがて海水浴は、皇室、華族や政財界を中心に広まり、大磯には別荘や旅館が相次いで建てられるようになった。明治三四年には、京浜電気鉄道が大森まで路線を伸ばし、鉄道による東京からの日帰り海水浴客も増えていった。

その後、同じ相模湾の片瀬、鎌倉、逗子なども海水浴場として開発され、それが全

図12　昭和初期の逗子海岸。多くの人々が海水浴を楽しんだ。

国に波及していったのである。

ただし当時の海水浴というのは、湯治のように海に浸かることで健康を増進させるのが目的で、海で泳いだり遊んだりという感じではなかった。しかし、海に行けば自然と泳いだり、遊んだりするものである。海水浴は、次第にレジャーとしても認識されてきた。大正一三年には、国鉄が逗子に「海の家」を作った。

これが海の家の第一号である。

国鉄は、臨時列車を走らせたり、海水浴場の貸家、貸間などの案内までやるなど、海水浴普及に一役買っているのだ。

それやこれやで昭和に入ったころには、海水浴は庶民の娯楽としてもすっかり定着していた。

戦前にも海外旅行ブームがあった

戦前の日本は、台湾や韓国、満州などを植民地化していたが、これらの地域は、格好の観光旅行コースにもなった。

前述したように戦前も、日本人は旅行好きであり、休暇で海水浴や景勝地へ行くことは珍しくなかったが、植民地の拡大は、日本人の旅行熱を一気に高める事になった。海外旅行が大ブームになったのである。

旅行会社はこぞって、朝鮮や満州への旅行をすすめた。特に、満州は日本人の大陸への憧れを刺激した。

明治三八（一九〇五）年、関東州の租借権と南満州鉄道を得たとき、すぐに満州への日本人の自由渡航が認められるようになった。日本人の旅行好きを象徴するような出来事である。

明治三九年には、朝日新聞の主催で「満韓巡游船ろせった丸」を運行し、三七九名

図13　大陸の玄関口、大連港のようす。

が観光した。文部省と陸軍省により全国中学合同満州旅行（三六九四名）が行われ、日露戦争の戦跡をたずねた。

鉄道省が作った旅行会社ジャパン・ツーリスト・ビューローは、夏目漱石、与謝野晶子などの文化人を満州旅行に招待し、宣伝に利用した。

それが功を奏してか、満州への旅行客は激増した。大正一三（一九二四）年、満州を訪れた観光客は一万人を超えていた。

昭和八（一九三三）年から一五年まで、団体客だけで年間一万五〇〇〇人から二万人、個人旅行者を含めると相当数の観光客が訪れた。新聞社主催で多くのツアーが企画され、修学旅行で満州を訪れる学校も少なくなかった。

当時の日本人にとって、朝鮮、満州は気軽

に行ける外国だった。

学生やサラリーマンが、貯めた金で満州に旅行するのは、普通のことだった。満州のハルビンでは、北満会館など有名なキャバレーもあり、ロシア人によるショーも行われていたという。

また満州国の建国により、それまで南満州周辺だけだった旅行範囲が、満州全土に広がった。

当時、旅行会社が作っていた満州旅行の宣伝コピーには次のようなものがあった。

大陸を見よ！　鮮満を見よ！　大感激は大陸にあらずでは得られず！

（日本旅行協会主催第一回「鮮満視察団」募集のコピー）

先ず満州を知れ

（「満州の観光バス案内」より）

東京からハルビンをつなぐ豪華国際列車とは？

鉄路で国境をまたぐ「国際列車」。

国境が海で囲まれている今の日本には、もちろん国際列車はない。しかし、戦前の日本は、国際列車を走らせていた。

ご存知のように、戦前、朝鮮の鉄道と満州の鉄道は、日本が管理していた。満州の鉄道線は、今でこそただの地域的な鉄道に過ぎないが、戦前は重要な路線だった。

当時は、航空機による旅客輸送がまだそれほど発展してなかったので、列車や船を乗り継いで国外旅行をするということが普通だった。

そのため、朝鮮の釜山から北京やハルビンまで直通し、シベリア鉄道に乗り換えれば二週間でヨーロッパ、パリまで行ける「満州ルート」は、外国人客も多く、重要な国際線だったのである。

この重要な国際線に、日本は国の威信をかけて豪華な列車を走らせていた。

東京から下関まで特急「富士」を走らせ、連絡船をはさんだ釜山からは朝鮮鉄道の「はと」号が待っている。そしてハルビンからは満州鉄道の「あじあ」号と乗り継げるように時刻表が組んであった。

つまり、「富士」「はと」「あじあ」は東京からシベリア経由で欧州まで行ける国際列車だったのだ。

この三列車には英語を話せる乗務員が、常勤していた。それぞれフルコースを出す食堂車が連結され、ゆったりとした寝台に、展望車までついていた。展望車には、吊燈籠など日本情緒のあふれる趣向がもよおされ、外国人客に好評を博していた。

富士には、昭和一〇年には、シャワーが浴びられる「お風呂列車」が登場した（一、二等の客だけが使用できた）。

昭和九年に登場した「あじあ」号は、大連～新京間七〇〇キロを八時間ちょっとで結んだ。平均時速八二・五キロ、最高時速は一二〇キロも出たので、夢の超特急と言われた。本土で最速の「つばめ」は平均時速六〇・二キロ、最高時速は九五キロだったので、まさに夢の超特急だったのだ。

この「あじあ」号は当時の日本の最新の技術を駆使した機関車だった。全長二五・七メートル、高さ四・八メートル、幅三・二メートル、総重量二〇三トン動輪は直径二メートルで、風の抵抗を少なくするため流線型の車体をしていた。石炭は一時間に三・五トン必要で、とても人力では追いつかないので、自動的に石炭が砕かれボイラーに投入される方式になっていた。

当時、海外旅行者の獲得は、外貨稼ぎの重要な手段となりつつあり、各国が観光に力を入れていた。昭和五年には鉄道省に国際観光局が設置され、海外旅行誘致に励んだ。

昭和六年には二万七〇〇〇人が来日している。

もっとも多いのが中国人で七〇〇〇人、次がアメリカ人で五〇〇〇人、ついでイギリス人三五〇〇人。以下、ソ連人、ドイツ人と続く。

一方、日本人の海外旅行者は昭和六年当時、一万七〇〇〇人だった（植民地への旅行は含まない）。

ちなみに、戦前の国際旅行収支は、日本は赤字となっていた。

昭和初期、外国人旅行者が日本で使う費用は四三〇〇万円だった。

一方、日本人の海外旅行者の海外での支出は四五〇〇万円になっていた。日本人の海外旅行者は、人数は少ないが旅行期間が長いので、その分、費用が高くついたのである。

四五〇〇万円という金額は、今の貨幣価値にすると二〇〇〇億円程度になる。現在の日本人の海外旅行費用は、二兆～三兆円である。現在、海外旅行は大ブームと言われているが、戦前の日本人も現在の海外旅行費の一割程度は使っていたのである。

旅客機でヨーロッパ旅行も

戦前、民間の航空路はすでに開通しており、飛行機での旅行もされていた。初の民間定期航路は昭和四年四月一日に開設された。日本航空輸送株式会社（現在の日本航空とは直接の関係はない）が、東京—大阪—福岡間と、ウルサン—京城—平壌—大連間に一日一往復の定期航路をつくったのだ。

日本航空輸送株式会社は、オランダ製のフォッカー3mや、アメリカのフォッカー・スーパー・ユニバーサルという飛行機を使用し、座席は六〜八人分しかなかった。航空券は発売とともにたちまち売り切れたという。

以降、航空路線は急速に拡大し、東京、大阪はもちろん、九州、四国、東北、北海道など全国各地に飛行機で行けた。東京—大阪間はそれまで汽車で一一時間かかっていたのだが、飛行機だと四時間であり、移動時間が大幅に短縮されることになった。

ただし運賃は三〇円もし、サラリーマンの月収の半分近いという高額だった。当然、旅客機を利用したのは、金持ちに限られていた。菊池寛も大阪に講演に行く際などに、よく飛行機を利用していたという。

それでも昭和四年後半の半年間で、全線二〇四七人の利用者がいた。

図14　日本航空輸送が東京・大阪間に毎日一往復の定期便を開始。運賃は1人30円だった。

また当時の外国航路の玄関は、福岡だった。

福岡の雁ノ巣飛行場（現在ソフトバンク・ホークスの二軍球場がある）が、日本で最初の国際空港として機能を持たされたのだ。羽田にも空港はあったが、ここから発着する便は主に国内路線であり、地方空港の一つに過ぎなかったのだ。

福岡・雁ノ巣飛行場には、中国各地やバンコクなどに行く定期航路もあった。バンコクからはヨーロッパへの航空路線があったため、バンコク路線を使えば、乗り継ぎではあるが航空機によって日本からヨーロッパに行けたのである。

昭和六年には早くもスチュワーデス（今でいうキャビン・アテンダント）が登場している。機内で、お茶やサンドウィッチを配るサービスをした。しかし彼女らはあまりにも給料が安いのですぐにいなくなったという。

また昭和一〇年にはエアタクシーが登場している。これは貸し切り飛行機ともいうもので、金さえ払えば、客の決めた行先に飛んでくれる飛行機である。東京から箱根富士五湖一周で三〇〇円（当時のサラリーマンの三、四か月分の給料）で行けたという。民間航路が開設されたばかりだというのにもうエアタクシーなのだから、航空産業はいきなりバリエーションが広がったようである。

昭和六年四月には、飛行機の中で結婚式を挙げるものがあらわれた。日航の八人乗りの飛行機を借り切り、立川飛行場から出発し、明治神宮上空で三三九度をあげ、三〇〜四〇分ほど東京上空を遊覧して戻った。今でも海底結婚式など、変わった場所で結婚式を挙げたカップルのことが度々ニュースになるが、そういうのは戦前も同じだったのである。

奥様方が潜水艦見学

……戦前のカルチャー・ブーム

近年、カルチャー・ブームと言われて久しいが、戦前にも同様のブームが起きている。

戦前のカルチャー・ブームの仕掛人は、デパートや新聞社である。

今のデパートでも、バーゲンセールや特別販売などと並んで、展覧会や、講演会、文化講座などをしているところが多いが、この手の人集めの催しはすでに大正時代から始められていたのだ。

たとえば、三越デパートでは大正三年一〇月に、次のような催しが行われている。

懸賞写真陳列会（一日〜二五日）
美術展覧会（一日〜二五日）
日本美術院再興記念展覧会（一〇日〜二五日）
オモチャ会講演会（二八日）

またデパート内のホールや催物会場でクラシックなどの演奏会などもたびたび開かれていた。

明治三九年、三越百貨店では、ピアノとバイオリンによる演奏会を週に二、三回開いた。これはだれでも無料で聞けるものだった。

明治四二年には三越が少年音楽隊を、明治四四年には白木屋が少女音楽隊を作った。これらはミニオーケストラのような楽団で、各種の催し物で演奏している。

新聞社主催のカルチャー講座も盛んだった。

大阪毎日新聞主催で大正五年に始まった「婦人社会見学」では、三年間で二万人近い女性たちが、電話局、ガス、製紙会社、紡績工場、日本銀行などを見学した。

今の常識では考えられないような講座もあった。たとえば大正八年に行われた大阪砲兵工廠見学である。このときご婦人たち一五〇〇人が、当時の最先端の兵器である戦車を見学したのである。

また大阪港に入港していた潜水艦への見学もあった。三五〇〇人の女性たちが、潜水艦見学に押し寄せたのだ。そのうちの一五名は実際に潜水艦に搭乗し、潜水を体験しているのだ。

艦内では尺に足らぬそこここの余地に身をかがめ呼吸を殺して生まれてはじめての愉快な恐ろしい経験を味わったのでした。そうした心持ちがドイツの潜水艦に撃沈されてその艇内に捕虜となった常陸丸やその他の乗員の当時のありさまを偲ばせるのでありました。

これは当時の参加者のルポの一節である。

今の自衛隊でも、潜水艦に乗せてもらうという経験はなかなかない。当時の軍は意外と開かれていたのかもしれない。もちろん、国民にサービスをしておかないと軍費が獲得できないという皮算用もあっただろうが。

それにしても、人の好奇心というのはいつの時代も旺盛なものである。

市電、地下鉄、乗合バス……戦前の市民の足

戦前、東京でもっとも使われていた乗り物は市電である。

市電は東京中を網の目のように通っていた。ちょうど今の地下鉄のような感じである。

昭和初期、市電の料金は七銭均一だった。

今の物価からみれば三〇〇～四〇〇円というところなので、そう安いということはなかった。しかし、どこまで乗っても七銭で、乗り換えも何度でもＯＫだったので、遠方に行く時は割安となった。

図15　当時から地下鉄には自動改札があった。

また午前六時までに乗ると片道五銭、往復九銭という「早朝割引」もあった。往復の復路は、往路の通りに戻らなくてはならないということはなく、どこにでも行けたので、往復割引の往路だけを使って、復路を他の乗客に転売することもあった。

地下鉄も、一部ではあるがすでに作られていた。

日本で最初の地下鉄は、昭和二年に登場した。上野～浅草間、現在の銀座線の前身である。これはアジアでは初の地下鉄だった。

この地下鉄には、十銭銅貨をいれると改札口が一人分だけ開く自動改札口も登場した。

この地下鉄銀座線が作られる時、三越

百貨店が資金の一部を出した。三越としては、地下鉄を引いて、駅が店舗に直結すれば、客が増えるというもくろみだったのだ。三越の資金供出に応える形で、駅名は「三越前」となった。この駅名は現在も使われているので、三越としてはいい買い物だったといえるだろう。

他の百貨店も同様のことをしており、上野広小路駅には松坂屋が、日本橋駅には高島屋と白木屋が資金を出している。ただこれらの資金提供は、金額的に少なかったのか、駅名に店名がつけられることはなかった。

地下鉄の登場とともに、現在に続くような地下街も整備され始めた。

昭和五年には地下鉄食堂、六年には地下鉄ストア、八年には地下鉄市場ができたのだ。東京の人たちは、戦前から今と同じように地下鉄に乗り、地下街でのショッピングを楽しんでいたのだ。

地下鉄銀座線は昭和九年には新橋まで延長した。また大阪にも昭和八年に地下鉄ができている。

戦前のもう一つの市民の足は、乗合バス（路線バス）である。

乗合バスは、自動車の普及とともに、急激に路線を延長していった。それまで鉄道の通っていない地域での市民の足といえば乗合馬車が主流だったが、乗合バスの登場で駆逐された。昭和初期には、乗合馬車はごく一部の地方でしか見られなくなっていた。

乗合バスは昭和八年には路線の総延長が約一三万キロになっており、鉄道路線の約五倍になっていた。昭和一〇年には、年間一四億人が乗合バスを利用している。これは赤ん坊からお年寄りまですべての人が年間に二〇回バスを利用したことになる。

自動車の普及と交通事故の激増

日本に初めて自動車が入ってきたのは、明治三二年のことである。日本の最初の車の所有者は、皇室だった。皇太子（後の大正天皇）のご成婚祝いに、アメリカの日系移民たちがプレゼントしたのだ。

しかし、せっかく車を贈られても、当時の日本には運転できるものがおらず、試運転のときにブレーキの操作を誤って三宅坂のお堀に落ちてしまった。これは日本最初の自動車事故として記録されている。

その後は、うなぎ上りに車の数が増加している。大正元年には二九八台、その九年後の大正一〇年には二万七五二二六台になっていた。

交通事故も増え、昭和元年には交通事故死は一七五人、負傷九六七九人、昭和一〇年には死亡五二五人、負傷一万八六八四人と急増している。

また救急車もすでにあった。

昭和八年、横浜の山下消防署に、中古のキャデラックを改造した救急車が配備された。翌年には、赤十字東京支社、名古屋の中消防署に配備された。車内には寝台があり、止血管、ヨードチンキなどが備えられており、車体は白地に赤線が一本入っており、だいたい今の救急車と似たような形だった。

当時の車はほとんどがアメリカ車だった。しかも輸入するばかりではなく、日本に工場まで作られていたのだ。

国産車も戦前からあるにはあった。

明治三七年に山羽虎夫という発明家が蒸気自動車を、四〇年には内山駒之助という発明家がガソリン車を作っている。トヨタ、日産などもすでに自動車の製造に取りかかっていた。

また軍部では、自動車を重要な軍需産業と位置付け、大正七年には軍用自動車補助法という国産メーカーを支援する策を打ち出していた。

が、大正一五年、フォードが横浜に、昭和二年にはGMが大阪に、工場を作り、ノックダウン方式による生産を開始した。そのため日本の自動車市場はほとんどこの二社で占められることになった。

自動車産業における日米の差は、容易に埋められなかったのだ。

戦後の日米両国の自動車産業状況を考えると興味深い事実である。フォードやGMは日米関係の悪化とともに、昭和一一年、日本から撤退している。

タクシーが普通に使われていた

東京に初めてタクシーが走ったのは大正元年である。

数寄屋橋タクシーという会社が始めたもので、わずか二台しかなかった。しかも新橋駅上野間を往復するだけだった。

しかしそれからタクシーは増え続け、関東大震災のあった大正一二年ごろには東京市内に五〇〇台ほどが走り、昭和七年には一万台を超えていた。

大正末期、市内ならどこでも一円で走るタクシーというものが大阪に登場し、すぐに東京にも飛び火した。しかし、タクシーの台数が増えるとともに値崩れした。

昭和の恐慌時にはすでに値崩れを起こし、一円で乗る人などほとんどいなかった。

図16　夜の銀座で客待ちをするタクシーの列（昭和初期）

「新橋まで五〇銭」
「いや、四〇銭なら乗る」
などと、乗客と運転助手（助手席に乗っている）との交渉で決められた。だいたい東京市中ならば、四〇〜五〇銭で乗れたという。

昭和九年には、タクシーにメーター制が取り入れられた。タクシーの台数が増えるたびに、価格競争が激しくなったために、メーター制となったのだ。これも大阪の業者が始め、すぐに東京にも導入された。初めの二キロが四〇銭、その後は八〇〇メートルごとに一〇銭加算されるようになっていた。

当時のタクシーは客席は広く、運転手の背もたれに仕舞われている補助席二席を使えば、客は五人乗れた（助手がいないタクシーは六人）。そのため、四、五人で割り勘にすれば、市電より安くなることも多く、タクシーは市民の足として普通に使われていた。

第5章　世界有数のスポーツ大国

浅田真央もいた?!　戦前のスポーツヒーロー、ヒロインたち

フィギュア・スケートというと、最近では浅田真央選手や安藤美姫選手でおなじみの人気スポーツである。この競技、普通の人にはそれほど一般的ではないものだろう。スケート自体がそれほど一般的ではない上に、スケートで演技をするのである。すさまじくお金がかかる競技であり、経済大国日本をしても、そうそうだれもが手を出せるスポーツではないのだ。

今でさえそれほど一般的でないこの競技、戦前ではほとんどだれもやっていなかったんじゃないか、と思われるかもしれない。ところが、戦前にも世界に通用するレベルのフィギュア・スケートの選手がいたのである。

その選手の名は、稲田悦子。

彼女は昭和一一（一九三六）年、わずか一二歳にして、ナチス・ドイツで行われたガルミッシュパルテンキルヒェン冬季オリンピックに出場し、一〇位に入っているのだ。

一二歳という年齢は、当時のオリンピックの最年少でもあり、一躍、日本中の人気者となった。稲田は次回の札幌オリンピックでは、メダル確実と言われていた（札幌オリンピックは、戦争のため開催されなかった）。立場的に現在の浅田真央選手と非常によく似ている。

稲田悦子は、六歳のときにたまたまフィギュア・スケート選手だった知り合いに見出され指導を受け始めた。競技人口が少なかったこともあってたちまち日本の第一人者になった。そしてオリンピック出場後の昭和一一年から一六年まで日本選手権連覇をした。これは昭和五二年に渡部絵美に破られるまで最高記録となっていた。

稲田悦子に限らず、戦前の日本のスポーツ選手は、世界レベルの大会でもけっこういい成績を挙げていた。

オリンピックでも、金一五、銀一五、銅一六の合計四六個ものメダルをとっているのだ。

日本人がオリンピックで最初にメダルをとったのは、なんとテニスである。大正九（一九二〇）年のアントワープ大会のテニス・シングルスで熊谷一弥選手が銀メダルをとったのだ。

ほかのメダルは水泳や陸上競技が多かった。特に水泳は、「前畑がんばれ！」のラジオ中継で有名になった前畑秀子などを擁し、一大勢力を築いていた。現在も「水泳日本」と呼ばれ、水泳は日本のお家芸になっているが、それは戦前からのことだったのだ。

戦前というと、西洋のスポーツが入ってきて間もない時期だが、その割に日本人はよく食い込んでいたといえる。というより、現在に負けず劣らぬ成績を残しているのだ。

オリンピック金メダルも！　陸上王国ニッポン

戦前の日本のスポーツが凄かったことを象徴するものが、陸上競技である。オリンピックの花形とされ、スポーツの中でもっとも世界が注目する競技がこの陸上競技である。

もちろん人気が高い分だけ、いい成績を収めるのは難しい。今の日本では、陸上競技において、世界で戦える選手はそう多くはない。日本人がメダルを狙える競技となると、女子マラソンなどごく一部に限られている。

が、戦前の日本では、現在よりはるかに陸上競技において好成績を収めているのだ。

短距離走、三段跳びなど、数々の花形種目でオリンピックのメダルを獲っているのである。

昭和三年のアムステルダム・オリンピックでは、織田幹雄が三段跳びで日本初の金メダルを獲っている。もし現代において、日本人が三段跳びで金メダルを獲れば、国民はどれだけ熱狂するかわからない。それを戦前の日本人はやっていたのだ。

またこのオリンピックで女子の人見絹枝は八〇〇メートルで銀メダルを獲っている。この人見絹枝には、すさまじいエピソードが残っている。

人見絹枝は、本来は一〇〇メートルや六種競技などの選手だった。走り幅とびなどで世界新記録を連発し、その分野で活躍が期待されていた。しかし、昭和三年のアムステルダム・オリンピックのときには、期待されていた種目ではことごとく敗退。

「これでは日本に帰れない」

と言って、急遽《きゅうきょ》八〇〇メートル走に出場したのである。

八〇〇メートルと一〇〇メートルでは、走り方はまったく異なる。筋肉の使い方や呼吸

図17　人見絹枝選手

の仕方、走る速さやペース配分など、両者は全然違うのである。

しかも、人見絹枝はそれまで八〇〇メートル走に出たことがなかった。だから、周囲は反対したが、人見はそれを押し切って出場、予選を勝ち抜き見事銀メダルまで獲得したのだ。決勝レースでは、スウェーデンの選手と接触するというアクシデントがあり、もしそれがなければ金メダルを獲っていたとも言われている。人見絹枝選手は、ゴールインした後は、うつ伏せに倒れた。

当時の選手たちの「日の丸を背負う気持ち」というのは、鬼気迫るものがある。この人見選手は、競技での無理がたたったらしく二四歳の若さで早世している。

昭和七年のロサンゼルス・オリンピックでも、三段跳びで南部忠平が金メダルを獲り、日本はこの競技でオリンピック連覇となった。また大島鎌吉も銅メダルに食い込み、「三段跳びは日本のお家芸」と言われた。

このオリンピックでは、棒高跳びでは、西田修平が銀メダルを獲った。また一〇〇メートル走では、吉岡隆徳が決勝に進出し、六位に入賞した。一〇〇メートル走で日本人が決勝に残ったのは、後にも先にもこれだけである。吉岡隆徳は、一〇秒三で世界タイ記録を出したこともあり、「暁の超特急」と呼ばれた。

昭和一一年のベルリン・オリンピックでも、三段跳びで日本が金銀を独占した（金・田島直人、銀・原田正夫）。日本は三段跳びでオリンピック三連覇したのである。

また棒高跳びでは、西田修平と大江季雄が銀メダルと銅メダルを獲った。このとき、優勝は四メートル三五を跳んだアメリカのメドウスが決定していたが、それに続くのは西田と大江の二人だった。二人はあえて、二位、三位決定戦を行わず、先輩の西田が二位、後輩の大江を三位とし、銀と銅のメダルは二つに割ってつなぎあわせた。これは、「友情のメダル」として後世に語り継がれることになった。

日本テニスの黄金時代……世界ランク三位、五輪銅メダル

テニスというのも世界的に人気のスポーツであり、日本人はなかなか上位に食い込めない。昨今、男子の錦織圭《にしこりけい》選手がウィンブルドンでベスト8まで進出し非常に話題になった。

が、この人気スポーツテニスにおいて、戦前の日本人は、非常に芳しい成績を残しているのだ。戦前の日本では、錦織選手のさらに上を行く選手がいたのである。戦前の日本テニスは、オリンピックのメダルを獲ったこともある。テニスにおいては、戦前の方が強かったのである。

日本にテニスがもたらされたのは、明治一一（一八七八）年だとされている。文部省に体育教師として招かれたアメリカ人、G・A・リーランドが用具を取り寄せて指導したのが最初とされている。当時、テニス用具はすべて輸入品で高価だったが、日本独自のゴムボールが開発され（今でいう軟式テニス）、テニスは徐々に広がりはじめた。昭和天皇も皇太子時代にテニスをしていたのである。

大正九（一九二〇）年、第八回オリンピック・アントワープ大会では、日本は初めてテニスに参加し、シングルス（熊谷一弥）とダブルス（熊谷一弥、柏尾誠一郎）で銀メダルを獲得している。

日本人がオリンピックでメダルを獲ったのは、これが最初なのである。日本のテニスは、草創期からいきなり黄金時代を迎えたのだ。

日本テニスの黄金期は、昭和に入ってからも続く。

早大の学生だった佐藤次郎選手が昭和七（一九三二）年のウィンブルドンで4位に入り、当時の世界ランキングで三位に入った。日本人の男子としては、現在でも最高記録である。

また昭和九年のウィンブルドンでは、ミックスダブルスで三木龍喜が優勝している。このときのペアは女子シングル優勝のイギリス人ドロシー・ラウンドだった。このように戦前の日本テニスは、世界レベルのプレイヤーがかなりいたのである。

なぜ戦前の日本テニスは強かったのかということは、諸説あるところだが、大きな要因の一つには選手のモチベーションの高さがあったといえる。これはテニスに限ったことではないが、戦前のスポーツ選手は国際試合などに臨む際に、「日の丸を背負う」という気持ちが今よりはるかに大きかったようである。戦前の日本は、国家を挙げて、世界の一等国に認められようと頑張っていたわけであり、スポーツの日本代表選手の場合も、その責任感は、想像もつかないほど大きかったようである。

その証左といえるかどうかわからないが、ウィンブルドンで四位に入った佐藤次郎選手は、昭和九年、ヨーロッパ遠征の船旅の途中、マラッカ海峡で身投げして自死してしまう。佐藤次郎選手は慢性的な胃腸炎を患っていたが、責任感から遠征を休むことができず、それが精神状態を悪化させたのではないか、といわれている。

戦前はなぜスポーツが盛んだったのか？

これまで述べてきたように、戦前の日本は現代に勝るとも劣らないスポーツ大国だったわけだが、それにしてもなぜ戦前はこんなにスポーツが盛んだったのだろうか？

今よりもずっと貧しかったので、スポーツを楽しむ余裕などなかったのではないか、と思われる人も多いだろう。

戦前の日本で、スポーツの成績がよかったのは、いくつか理由が考えられる。

一つは、戦前の日本人は、現代人と比べて体を使うことが多かったので、基礎体力がそれなりによかったのではないか、ということである。戦前は、道具が発達していなかったために、日々の生活や、仕事、遊びなどで、現代よりずっと体を動かすことが多かったことは間違いない。それが、運動神経などの向上につながっていたのではないか、ということだ。

たとえば、水泳の前畑秀子選手などは、和歌山県橋本の出身だが、近所に紀ノ川が流れていたので、幼少期から泳いで遊んでいた。前畑選手によると、この地域で泳げない人など一人もおらず、母親は子供をおぶったまま紀ノ川をゆうゆうと渡り切り、父親は子供をおぶったまま高い岩の上から飛び込むことができたという。こういうところで暮らしていれば、それは水泳がうまくなっただろう。

また戦前の日本では、教育制度がかなりしっかり整えられており、学校を中心として運動会やスポーツ大会なども開かれていた。そのため、運動神経の発達した子供がピックアップされ、全国レベルの大会に出場したり、国際大会に出ていくというシステムがそれなりにできていたのである。

前述の前畑選手も、小学校に水泳部ができたので、そこに入ったところ、大会で小学生の新記録を連発した。前畑選手の家は豆腐の製造を営んでおり、小学校を卒業すれば家業を手伝う予定だった。が、小学校の校長先生が「水泳を続けるために小学校高等科に進ませてやってください」と両親を説得し、競技生活を続けることができたという。また前畑選手の遠征費用などは、おそらく周囲の大人たちが工面したものと思われる。

陸上選手の人見絹枝は、岡山の農家の生まれで、岡山高等女学校時代に臨時選手として陸上競技大会に出場し、驚異的なタイムを出した。人見は岡山高等女学校ではテニス部に入っており、テニスに熱中していた。しかし、陸上のタイムがあまりにもいいので、周囲のすすめで東京の二階堂女塾という体育学校に入った。人見選手は、高等女学校に入るくらいなので、そう貧乏というわけではないが、母から一円三〇銭のラケットを買ってもらう時、「父親には内緒にしなさい」と言われ、家に持って帰ることはなかったという。そう裕福な家でも、なかったということだ。それでも、スポーツのために進学しているのだ。彼女の場合は、しかも家から離れて東京への進学である。これもおそらく周囲の大人たちの支援があったものと思われる。

このように、当時の日本では、才能ある子供を吸い上げ、それなりにバックアップするシステムがある程度整っていたようである。

すでに国体も開かれていた

また戦前の日本人は、けっこう余暇でスポーツを楽しむことが多かったようである。野球はかなり普及していて、普通に学生や社会人が余暇に野球をすることも珍しくなかった。野球に限らずバレーボールなどを市民が楽しむこともあった。東京オリンピックの女子バレーボールの主力となった社会人チーム「日紡貝塚」は、昭和一〇年くらいから女子工員たちのバレーチームをつくっていたという。

また当時、スポーツの試合の場もけっこうあった。各地でスポーツ大会や、各競技会が開かれていたし、すでに国体も開催されていた。

現在、すっかり国の行事として定着したスポーツ大会の「国民体育大会」だが、これは大正一三（一九二四）年から開かれていたのだ。当時は、国民体育大会とは言わず「明治神宮国民体育大会」という名称だった。国民の間では、神宮大会と呼ばれていた。

この神宮大会、今の国体のような都道府県の持ち回りではなく、明治神宮だけで行われていた。明治天皇の遺徳をたたえるという趣旨もあって明治神宮で行われるようになったのである。今でも神宮周辺には、野球場などスポーツ施設が多いが、それはこの神宮大会の名残なのである。

この〝戦前版国体〟は、国がスポーツを通じてファシズムを強化したなどと、批判的な見方をされることもある。しかし、それは考え過ぎだと筆者は思う。今と同じような感覚で、単純にスポーツ文化を発展させたいと考えて作られた催しであり、軍国主義を植え付けようとしたなどは後付けの思想だと思われる。

実際、この神宮大会の競技はオリンピックを模したものだった。剣道、柔道、弓道などの日本固有の競技も行われていたが、メインとなる競技は、陸上競技、野球、ラグビー、サッカー、バレーボール、テニス、ボートレース、水泳など、世界各国で行われているスポーツだった。

最盛期には夏、秋、冬あわせて二三種目の競技が行われ、昭和一八年、戦局が厳しくなるまで開催された。戦前、日本人がオリンピックで活躍できたのも、この「明治神宮国民体育大会」をはじめとし、各所での体育大会、競技会が頻繁に開催されていたからなのである。

また現代のアジア大会の前身のような国際大会も、戦前にすでに開かれていた。

これは「東洋オリンピック」と呼ばれるもので、大正二年、フィリピンのマニラのカーニバルを発端に、スポーツ大会に発展したのだ。フィリピン、中国、日本などが参加して行われた。大正六年から計三回、日本でも開催された（東京と大阪）。この大会は、昭和九年に満州問題で中国が脱退するまで続けられた。

とまれ、戦前の日本のスポーツは、ハードもソフトもかなり整えられていたわけである。

徹夜しないと見られないスーパースター双葉山

相撲は、現在でも国技であり人気スポーツだが、戦前はいまよりももっとメジャーなスポーツだった。戦前は市民の代表的な娯楽は「女は芝居、男は相撲」というのが、通り相場だったのだ。

相撲は江戸時代から現代まで親しまれ長らく人気スポーツとして君臨しているが、明治維新期には存続の危機に立たされたこともあった。

江戸時代には、大名や旗本がスポンサーになることで（いわゆる「お抱え」）相撲の興行が行われていたが、その組織がそのまま明治の相撲団体に引き継がれた形になった。しかし明治維新当時は文明開化の世であり、なんでも西洋風のものが正しいとされた時期である。「裸で格闘する競技など野蛮だ」ということで、排斥運動も起こった。

相撲団体は、相撲取りで消防団を結成して社会貢献をしたり、近代的な興行組織に模様替えし、両国国技館を作るなどして、だれもが安心して相撲を観戦できる環境を整えた。そういう努力が実って、相撲人気は盛り返した。明治一七年には天覧相撲が行われ、相撲は「国技」とされるまでになったのだ。

明治時代の大相撲は、現在のような一団体ではなく、東京相撲協会と大阪相撲協会の二つの大きな団体があった。また広島や名古屋などにも中小の団体が乱立していた。

図18　昭和11年夏場所で全勝優勝した双葉山。

地方の相撲団体は次第に東京に集約されていき、最後まで残っていた大阪相撲協会も昭和二年に東京相撲協会に吸収され、現在の相撲協会となった。大阪相撲協会の名残は、時津風、三保ヶ関などの名跡に残っている。

相撲人気は、昭和初期から戦時中にかけて不世出の横綱双葉山の登場で、ピークを迎える。

双葉山は本場所で六九連勝するなど、現在も破られていない記録を幾つも持ち、人気の面でも圧倒的だった。

双葉山の全盛期には、両国国技館で相撲を見ようと思えば、徹夜で並ばなければならないほどだった。当時は、一階の平土間から二階席まで茶屋が買い占めていて、一般の客は天井桟敷しか入れなかったためということもあるが、それでも両国国技館を満員札止め、徹夜まで出すというのは、大変な人気だといえる。また大相撲は本来、一場所一一日だったのが、双葉山人気のために一三日（現在は一五日）になったのだ。

今のイチローやダルビッシュなどを超えるようなスーパースターだったといえるだろう。

このように凄まじい人気を誇っていた双葉山だが、時代的に不運だった。全盛期と戦争期が重なったために、敗戦のゴタゴタのときに引退してしまったのだ。そして相撲界は、双葉山の引退とともに、戦後しばらくは低迷の時期を送ることになる。

ラジオ初のスポーツ中継は甲子園大会

日本では高校野球ファンが多い。

これは野球の本場アメリカでは、まったく理解できないことだという。明らかにプロよりも技術の低い高校生の野球を見て「何がそんなに面白いんだ」ということである。確かに言われてみればそうである。

野球の技という面でいうならば、高校生は、プロや社会人、大学生よりは劣るのである。ではなぜ高校野球がこれほど人気があるのか？　というと、戦前の娯楽事情が関係しているのだ。

明治五（一八七二）年、東京の開成学校（現在の東京大学）のアメリカ人教師ウィルソンが日本に初めて野球を伝えたとされている。なので学生を中心に、野球は普及していった。

プロ野球が始まる二〇年以上前、大阪で野球熱が燃え上がっていた。

大正四（一九一五）年から始まった第一回関西学生連合野球大会が開かれた。この学生野球大会は、その後全国中等学校優勝野球大会となり、現在の甲子園高校野球大会へとつながるのだ。

この大会は、開催されるやすぐに野球ファンが駆けつけるようになり、大正一三年には五万人収容の大スタジアム「甲子園球場」が完成する。

学生野球大会は、当時の人々にとっては大事な娯楽の一つだったわけだ。しかも、それが全国規模の大会になるにつれ、「地域代表同士の戦い」という見方がされるようになり、さら野球熱を煽った。地方から東京や大阪に出てくる人が急激に増え始めたころと相まって、「ご当地チームを応援する」という甲子園の楽しみ方が出来上がっていったのだ。

実はラジオで初めてスポーツ中継されたのが、中等野球なのである。日本でラジオ放送が始まったのが、大正一四年だが、その二年後に新たな試みとして、中等野球、甲子園の夏の大会を中継放送したのである。中等野球大会がいかに人気があったか、ということである。このラジオ中継は、大評判を呼び野球人気をさらに高めた。当初は関西地方だけの放送だったが、翌年には全国で放送されることになったのだ。

日本の野球人気は、中等野球がつくったといってもいいのだ。

この中等野球大会は、戦後、学制が変わると共に、戦前の中学生に相当する高校生たちの全国野球大会になった。

プロ野球より人気があった早慶戦

大阪の中等野球に対して、東京では大学野球が熱狂的な支持を集めていた。特に明治三六年から始まった早慶戦は、野球ファンを爆発的に増やした。野球を日本に普及させたのは、東京帝大の学生たちと言われる。その後、学生を中心とした野球の試合が各地で開催されるようになり、第一高校などが最初の野球の強豪校として鳴らした。やがて、慶應義塾の野球チームが第一高校を破り、日本一の称号を手に入れた。その慶應義塾に早稲田が挑戦したのが早慶戦の始まりである。

早慶戦は、両校の学生はもとより一般市民も巻き込んでの熱狂的な試合となった。また観戦した学生が、試合後酒場などで狼藉を働く「フーリガン」のような事件もたびたび起こった。そして明治三九年には、早慶戦があまりに加熱しすぎたため、両校の仲が険悪になり、一時中断される。

この早慶戦の中断期に、早慶戦をなんとか再開しようという試みの中で作られたのが六大学野球である。早慶の二校だけではなく、在京の六つの大学でリーグ戦を行えば、早慶だけが過熱することもないだろう、ということだ。チームが増えれば、試合のバリエーションも広がり、六大学野球は、たちまち多くの野球ファンを獲得した。

この野球熱の勢いを駆って、昭和九年には大日本東京野球倶楽部（後の巨人軍）が作られた。

当初、大日本東京野球倶楽部は、ベーブ・ルースなどスター選手も参加した大リーグチームの日本遠征のためにつくられたものである。当時、日本野球の中心だったのは六大学チームなどの大学生だったが、文部省の訓令によって大学生が大リーグ・チームと戦うことは禁止された。そのため、急きょ職業野球チームをつくったというわけだ。

大リーグ遠征チームと大日本東京野球倶楽部の試合は、大リーグ側の全勝で終わり、日米の力の差を見せつけられた。しかし沢村栄治が力投し、大リーグ打線をわずか一点で抑えるなど、大日本東京野球倶楽部もそれなりに健闘し、日本にプロ野球をつくらせる契機となった。

翌昭和一〇年から一一年にかけて、大阪タイガース、金鯱《きんこ》、東京セネターズ、阪急、大東急、名古屋などが誕生し、一一年九月からリーグ戦が始まった。一二年には後楽園球場が完成している。後楽園という名は、隣接する旧徳川家の庭園の名前だったが、球場にその名がつけられてからは、球場のことを指すようになったのだ。もともと後楽園には陸軍の施設があったが、プロ野球団に払い下げられたものである。

しかし、プロ野球の発足当初は客が入らず、球場では閑古鳥が鳴いていたという。

すでに市民権を獲得していた学生野球の方が、はるかに人気があったのだ。プロ野球が人気を博すのは、ようやく昭和一四年ごろからのことなのである。

それでも戦前を通じて、プロ野球が人気の面で学生野球を抜くことはなかった。プロ野球人気が学生野球を凌駕するのは、六大学のスーパースター長嶋茂雄がプロ野球に入った昭和三三年頃なのである。

第6章　戦前の地下生活者たち

合法的に売春が行われていた

戦前の社会風俗を語る上で欠かせないのは、公娼制度の存在である。

戦前の公娼制度は、性風俗のみならず、経済にも大きな影響を与えた。良きにつけ悪しきにつけ日本社会の中で大きな存在だったのだ。

公娼制度というのは、簡単にいえば合法的に売春が行われる制度ということである。

公娼制度では、国に許可された貸座敷業者だけが売春業を行い、売春婦も国に登録された公娼（公認された売春婦）のみとされた。この公娼は、どこにでもあるわけではなく、国が指定した一部の地域のみで営業されていた。その地域のことを遊郭と呼んだのだ。

遊郭は、東京では吉原、大阪では飛田新地などが有名だが、日本全国の大都市にはだいたいこの遊郭が設置されていた。

昭和五年の調査では、公娼婦は全国で五万二一一七人、大阪九〇四六人、東京六七九四人、京都四六八五人だった。

戦前の日本男子は、ほとんどのものが成人したらこの遊郭に一度は足を運んでいたとされる。徴兵検査（二〇歳）のときの調査では、実に九割以上のものが公娼や私娼で遊んだ経験がある、というデータもあるのだ。

遊郭での料金も今の風俗産業の料金と比べるとかなり安い。昭和四年、吉原では泊まりが三円から一〇円、四時間だとその半額くらいが相場だった。現在の貨幣価値にすると、三円がだいたい一万円くらいなので、高級遊郭とされていた吉原でも四時間を数千円程度で遊べたのである。

図19　接客所での娼妓たち

この遊郭での遊び方は今の風俗産業と基本的には同じである。

女郎部屋（貸座敷）には、値段や格式によって「本部屋」と「回し部屋」があった。

「本部屋」は、高級女郎部屋のことであり、六畳から八畳の広さがあった。回し部屋というのは、豚小屋などとも言われ三畳の障子の部屋がいくつも並んでいる造りで、電灯も二室に一個くらいしかない。また四畳半の部屋を屏風一枚で二つに区切っているようなところもある。

客は、女郎部屋に入ると、まず娼妓の写真を見せられる。その写真を見て、今宵の相手を決めるのだ。悪質な店では、写真と違う娼妓が出てきたりすることもあったようだ。その辺も、現在の風俗店と似たような仕組みになっている。

一〇〇円で売られる娘たち

公娼で働く女性〝公娼婦〟は、農村から売られた娘が多かった。

農村では不作や不景気になると娘を売ることが多かったのだ。昭和初期には凶作や不景気のため、東北地方などの農村から身売りされる娘が増えた。

戦前では、就業者の半数が農業であり、農作物の出来具合が、国民の生活を左右した。特に東北地方では、それが顕著であり不作の年には、食うために娘を売る農家が非常に多かった。

たとえば、昭和九（一九三四）年は、東北地方では四〇パーセントの減収という大凶作だった。地域によっては、収入がほとんどないところもあった。岩手県では、六人に一人の子供が、救済を必要とする栄養状態だったという。そのため「手っ取り早くお金を得るため」と「口減らしのため」に娘を売ったのである。

〝娘を売る〟とき、あからさまに親が公娼に売ることはあまりなかった。最初は女中奉公に出すという形で、娘を斡旋《あっせん》業者に売る。しかし女中ではなく、売春をさせられるというパターンである。当時の東北の小学校卒業者の少なくとも七六人に一人が売春をしていたという。

各農村には、売春業者の斡旋人のようなものがいた。彼らは、普段は普通に農業をしているのだが、遊郭の業者から金をもらっており、小学校を卒業する娘がいる家などを回って、〝働き口〟の紹介をするのだ。

「学校を卒業したら、百姓の手伝いをするより、都会で屋敷奉公をしたらどうだ。行儀見習いや裁縫も習えるし、仕送りもできる」

などと甘言を弄するのである。

親たちは、お金が欲しいし、口減らしにもなるということで、その甘言に乗ってしまう。娘たちの行く先は、屋敷奉公などではなく……ということである。

そして一旦、娼妓となれば、なかなか足を洗うことができない。衣服などを買い与え、それを法外な値で借金に上乗せするのだ。また親が、斡旋業者にさらに借金をすることもある。その借金は、娘に背負わされる。だから、彼女らはいくら働いても借金が膨らむばかりなのである。

このことは、たびたび先進諸国などから人身売買として非難されることがあった。

そのためか、公娼になるためには一応のルールがあった。

・尋常小学校卒業していること

・親の経済が逼迫していること

・親が不動産を持っていないこと

などである。娘を簡単に売ってはならない、ということである。

それにしても娘を売って一体いくらになったのか?

この〝命の値段〟は地域や時期によって大きく異なる。

不況で身売りが多い時期には、必然的に相場は下がっている。だから、昭和初期の不況時期に東北地方などから売られた娘の値段は一〇〇円という安値だったこともある。

しかも、その半分は手数料として取られたので、親の手元に入ってくるお金はわずか五〇円である。五〇円といえば、当時の労働者の平均月収にも及ばないのである。現在の価値でいえば、十数万円というところである。わずか十数万円の金で、貧農の娘たちは売られていったのだ。

親にとっても、この十数万円は安かったに違いないが、娘を売るということは口減らしになるということでもあった。子供が一人減れば、食糧がそれだけ浮く。寒村では学校に弁当を持っていけない「欠食児童」が多数いたので、口減らしということだけでも、親にとっては助かったわけである。

都心部には、売られてきた娘たちを匿《かくま》って親元に戻してやる慈善事業団体もけっこうあった。しかし娘を親元に帰しても、必ずしも喜ぶ親ばかりではなかったという。「せっかく口減らししたのに」ということだ。当時の東北の農村がどれだけ貧しかったか、ということである。

この公娼制度が廃止されたのは、終戦を経た昭和三三年のことである。

コスプレ遊女がいた〝玉の井遊郭〟とは？

「玉の井」というのは、現在の東京・墨田区東向島近辺のことで、昭和初期には東京一の私娼窟とされていたところである。私娼窟というのは、公的に認められた遊郭ではないところで、売春を行っている地域のことである。

図20 「濹東綺譚」挿絵より（木村荘八画）

公娼というのは、お上に管理された売春地域であったために、何かと面倒な規則も多かった。そのため、戦前は、公娼以外にも、勝手に売春を行う場所がけっこうあったのである。もちろん表向きには、「売春宿」というような看板は出せない。玉の井も、表向きは銘酒屋と称していたが、実際には売春宿なのである。

大正時代まではそういう私娼は、浅草に多かったのだが、関東大震災で壊滅してしまった。浅草の私娼業者らは、浅草で再建しようとしたが、当局の許可が得られなかったので、そのうちの数軒が玉の井に移ってきた。それが玉の井が私娼窟として栄えた起源だという。

玉の井には、他の遊郭にはない魅力があった。

まずは値段の安さである。玉の井は、チョンの間（もっとも簡易な売春部屋）で一時間が一円五〇銭だった。これは吉原の半額だった。また吉原などで必要だったチップも不要であり、総体的にかなり格安で遊べたのだ。

また吉原の遊女は、着物も髪型も皆だいたい同じだったが、玉の井の遊女はそれぞれが趣向を凝らした格好をしていた。

女学生姿、純和風、カフェの女給、モダンガール等々である。今でいえば、女子高生風、キャバクラ風、ＯＬ風のコスプレをした風俗嬢がいるという感じだろう。

玉の井は、そういうバリエーションの豊かさが受けて、吉原などの公娼以上の賑わいを見せていた。

「失恋したら玉の井に行け。惚れた女そっくりの女を抱ける」

とも言われていたという。

永井荷風、太宰治、高村光太郎、サトウハチローなど、玉の井を愛する文士も多く、「濹東綺譚《ぼくとうきたん》」など数々の文学作品にも登場する。

が、この玉の井も、その大半は農村などから売られてきた娘だった。

キャバ嬢の前身〝カフェーの女給〟とは？

戦前の風俗産業で、一世を風靡《ふうび》したものが「カフェー」である。永井荷風、谷崎潤一郎などの数々の戦前の小説には、よく「カフェーの女給」がヒロインとして登場する。これらの小説を読んで、なぜ喫茶店のウェートレスが小説の題材になるのか、不思議に思った方も多いのではないだろうか？カフェーというと現代では喫茶店をイメージしがちだが、戦前のカフェーというのは、今のそれとはまったく違う。今で言うならば、キャバクラや風俗店に近い存在だったのだ。

戦前のカフェーも、最初は今の喫茶店と同じような存在だった。

維新以来、洋食レストランの一部などでは、コーヒーを出していたが、明治二一（一八八八）年、下谷《したや》黒門町に洋風のコーヒー店「可否茶館」がオープンし、本格的なコーヒー文化が日本に入ってきた。

明治四四年には銀座に「カフェ・ブランタン」ができた。洒脱な喫茶店の走りであり、多くの知識人、文人などが通った。それ以降、喫茶店が雨後の竹の子のように増殖した。

ところが昭和初期になってカフェーは思わぬ方向に傾いていく。

大阪のカフェーにエロサービスを取り入れる店が出てきたのだ。

昭和五年、大阪の北新地に女給とキスができるカフェー「ベニア」が誕生し、これが大当たりする。もともと、カフェーには若い女性のウェートレスを置いていることが多かった。このウェートレスは、コーヒーを愛する文化人たちにとっては憧れの花だった。その憧れの花にエロ・サービスをさせたのだから、男たちは狂喜したわけだ。「ベニア」には連日客が押し寄せた。その後、大阪では風俗カフェーが爆発的に増加し時を経ずして東京にも進出した。昭和一〇年前後には、東京だけで一万五〇〇〇軒の喫茶店があったという。そしてサービスも過激化していった。

この風俗カフェーは、カフェーとは名ばかりで、主なメニューはビールなどの洋酒と、酒のつまみや洋食だった。中には日本酒を置いているところもあった。現在のバーやスナックとほとんど同じである。しかも、肝心のコーヒーは出してない店も多かったのだ。

このカフェーの女給たちは、喫茶店のウェイトレスというより、キャバクラ嬢に近いものだった。店からは給料は出ず、客のチップだけが収入源だった。だから、同伴やデートなどは当たり前で、売春行為を行うこともよくあった。

そのためカフェーの女給は、手軽な恋愛相手として、当時の小説に頻繁に登場する

図21　昭和初期のカフェーのようす。

ことになったのだ。

もっとも有名なのが、カフェー・ライオンとカフェー・タイガー。当時の流行歌の「銀座行進曲」では、「タイガー女給さん文士が好きで、ライオンウエイトレス、レディー気取り」とうたわれている。

この風俗まがいのカフェーに対して、純粋にコーヒーを飲ませているカフェーは非常に困惑した。客の中にも、純粋にコーヒーだけを楽しみたい者もいたのだが、カフェー＝風俗店のようになってからは、彼らはカフェーから遠ざかるようになってしまった。

そのため、純粋にコーヒーだけを飲ませる店は、「純喫茶」と名乗るようになった。今でも、田舎の喫茶店などに行くと、看板に「純喫茶」と書かれていることがあるが、それはこの当時のエロ・カフェー旋風の名残なのである。

戦前には〝人さらい〟が本当にいた

戦前には、マッチ売りの少女さながらに、物売りをする少女たちがけっこう多かった。

売る品物は、絵本、紙人形、風船、花火などのおもちゃや菓子類、切り花などである。絵本は三冊から五冊を一〇銭程度で、菓子類は、キャンディー、甘なっとう、するめなどの袋入りを五銭～五〇銭程度で売る。

年端もいかない少女が物売りをしていれば、同情して買ってくれる人もいる。「買ってちょうだいよ」と真冬の寒空の中で、少女から声をかけられれば、思わず買ってしまう人も多かったのだろう。

そのため、業者が不作の農村などから少女を買い付けて、辻売りをさせるのである。もちろんそれは小学生以下の幼い少女たちである（それ以上の年の子は、物売りではなく娼婦にさせられる)。

また物売りだけではなく、大道芸人に売られる少年少女たちもいた。街頭や飲食店で小唄、流行歌などを唄ったり、手踊りなどの芸をして、小銭を得る商売である。昭和五年ごろの不況期には、銀座では少女の演歌師が激増したという。

サーカスに売られる少年少女たちもいた。

娯楽が少なかった戦前では、曲芸などを行うサーカスはけっこう人気があった。全国で三〇~四〇のサーカス団があったという。そのサーカス団に幼少期に売られ、芸を仕込まれるのである。

昭和五(一九三〇)年の警視庁の調査によると、サーカスなどの興行団体にいた少年少女は三八七名もいたという。その中には、親から売られただけではなく、誘拐されてサーカスに売られた子供もいたと推測されている。

子供の頃、悪いことをすると、「サーカスに売ってしまうよ」と親から言われた経験を持つ人も多いだろう。また子供が一人で勝手な事をすると「人さらいに連れて行かれるよ」と言われることもよくある。

現代の我々にとって、「サーカスに売る」や「人さらいに連れていかれる」などということは、絵空事のはずだ。でも戦前には、実際に人さらいに連れていかれたり、サーカスに売られていた子供がいたのである。

軍都とスラム街

戦前の日本は、今の発展途上国と同じように、各地にスラム街があった。明治以降、急激に都市が発展し、農村から人口が流入していたが、社会保障が充実していなかったため、職にあぶれたものや病気を抱えた者は貧困化し、スラム街を形成していったのである。

スラム街は、大きな軍事施設がある都市「軍都」に多かった。

軍都には、巨額の金が落ちる、その金をあてにするのは、何も商売人だけではない。職にあぶれた労働者や工員など、様々な人たちも、軍都に落ちるお金を目当てに集まってきていた。そのため軍都では、周囲にいる貧しい人たちが押し寄せ、貧民街が作られることになる。

たとえば、新宿。

現在は商業と官公庁の街として知られるこの街は、戦前は周囲に軍事施設が配置されていた。市ヶ谷には士官学校と砲兵の兵営、青山には陸軍大学校と師団司令部、赤坂には近衛旅団の司令部などが並んでいた。新宿はそれら軍事拠点の中心にあり、東京中の貧民たちが集まってきたのだ。

彼らの目当ては残飯である。

兵営や軍の学校では、大量の残飯が出る。この残飯を業者が払い下げてもらい、貧民街で売りさばくのである。昭和五年には、この手の残飯業者が東京市内だけで二三軒あったという。

戦前のジャーナリスト草間八十吉《やそきち》が昭和七年ごろの東京市内にあった貧民街を調査し、レポートしている。

このレポートによると、貧民街の住民の月収は、一世帯平均して一五円くらいしかなかった。現在の貨幣価値で五万円くらいである。

また食費は平均すると一日一人あたり七銭しか使えていない。七銭とは現在の貨幣価値にすると、二〇〇円程度である。これはちょうど三食を残飯で取ったときと同じくらいの金額になる。

世帯主の職業は、日雇い労働者がもっとも多くそのほかは、下駄の歯入れ、靴直し、あんま、菓子の行商、お札売り、焼き鳥屋、保険の外交員などである。

浅草の清川町にあった正徳小学校は昭和七年当時、児童数一二〇〇名だったがそのうち弁当を持ってこられない児童は一一三名に及んだ。この一一三名の平均月収は一五円六九銭、現在の貨幣価値で五万円くらいである。

そして家賃が一軒当たり九円五二銭（現在の貨幣価値で三万円くらい）。つまり収入の六割は家賃に取られていたわけだ。しかも一軒当たりの広さは、二〇平方メートルちょっと（六・二畳）という狭さだった。

また貧民街には、戸籍のないものも多かった。子供が生まれても出生届を出さないのである。戸籍がないものは公娼の娼妓になれないので、貧民街に生まれた女子は私娼婦になることが多かった。

戦前にも〝生活保護〟があった

昭和七年には、救護法という生活保護の前身となる制度ができている。生活に困っている人には、生活費、医療費、出産費、埋葬費などを国が出してくれるというものだ。この制度により、市町村には対象者を救護する義務が生じ、それまでの慈善事業的な公的扶助からは一歩前進となった。

しかし、支給条件はかなり高かった。

戦前は、貧困者の面倒はまず親族がみるという考え方があり、また惰民防止（働かなくなるものを生じさせないように）という考え方もあった。また、なにより予算が少なかったのだろう。

救護法の対象となる者は次のとおりである。

1　六五歳以上の老衰者
2　一三歳以下の幼者
3　妊産婦
4　障害や疾病などで働けない者

つまり一四歳以上六五歳未満で、妊産婦でもない健康なものは、いくら職にあぶれて苦しい生活をしていても、保護は受けられなかったのだ。

昭和六年に、救護法の適用を受けているものは、一〇万五〇四〇人に過ぎなかった。一三歳以下のものが四五パーセント、六五歳以上の老衰者が二八パーセントだったので、対象のほとんどが子供と老人だったのだ。

このように戦前は社会福祉が充実していないため、生活に困って乞食になるものも多かった。二〇軒すべて乞食ばかりが住む「乞食長屋」が板橋にあり、子供がいれば乞食収入が上がったので、商売のときには子供の貸し借りをしていたという。

意外と少なかった浮浪者

戦前では、宿を持たない浮浪者は、ルンペンと呼ばれていた。ルンペンとは、今でもホームレスなどに使われる言葉だが、もともとは昭和五年ごろ巷にあふれていた浮浪者たちを指した言葉である。ルンペンとはドイツ語でボロギレという意味で、下村千秋の新聞小説「街のルンペン」がヒットしたことから広まった。

戦前は、現在よりも貧しい人たちが多いので、このルンペンは、今よりたくさんいたと思われるかもしれない。

しかし、驚いたことに浮浪者は現在よりかなり少ないのだ。

大正一三（一九二四）年の東京市の調査では二八一人、翌年の国勢調査では東京市内七一か所に男三七〇人、女一〇人、計三八〇人の野宿者がいたとされている。昭和初期の不況時には、もう少し増えたかとも思われるが、それでも五〇〇人前後だろう。

現在の東京では三〇〇〇人以上のホームレスがいるので、戦前はその一～二割しかいなかったわけである。

ただ当時は住宅費がそれほど高くなく、木賃宿もたくさんあったので、貧しいものはたくさんいても、浮浪者になるまでには至らなかったのだろう。前述したように、乞食をしながら長屋に住んでいた人々も大勢いたのだ。また当時は、れっきとした住宅でなくても雨露さえしのげれば、そこを住居としていた人も多かったと考えられる。

なぜ戦前のルンペンは比較的、少なかったのか？

考えられる理由は大きく二つある。

一つは、戦前は、東京や大阪が都市化していたといっても、就業者の半分は農民であり、つまり人口の半数は農村にいたのである。だから都市部の人口が今と比べるとかなり少なかった。農村にも貧しい人はいたが、貧しいなりにも住居はあったので、浮浪者とはならなかったのだろう。

もう一つは、前述したように戦前は家長制度というものがあり、家族の中で家長というものが定められていた。家長はだいたい父親がなり、父親が早世した場合は、母親か長男、長女などがなることになっていた。家長は家族の生活の面倒を見る義務があった。

なので都市で失業しても、実家に帰れば、生きていく最低限の面倒は見てもらえたのである。現代のホームレスには、家族や身内はいるが連絡をとっていない、というケースが多い。それを考えれば、現代の方が、家族の絆は希薄になっているともいえる。

戦前の犯罪は半数以上が「賭博犯」

犯罪という面でも、戦前と戦後はかなり性質が違う。

戦前犯罪の大きな特徴は、賭博犯が多かったことである。

戦前は全犯罪の半数が「単純賭博」だった。単純賭博というのは、賭場を開いたりするのではなく、ただ賭場で博打をしていた、という犯罪である。

この単純賭博は軽微な罰金刑になるものがほとんどで、社会の治安を脅かすものでもないので、国民もあまり罪悪視していなかったという。

それにしても、なぜ戦前は賭博犯が多かったのか？

答えは、単に公営賭博がなかったからである。

戦前は競馬しかギャンブルが許可されておらず、国民はギャンブルに飢えていたのである。戦後、競輪、競艇、オートバイなどが認められ、パチンコもでき、公的機関からも富くじが発売されるようになったため、賭博犯は急激に減少した。

賭博は、現在では普通の人にとっては、あまりなじみがないかもしれないが、戦前の人たちにとっては、数少ない身近な「レジャー」の一つだった。街のあちこちに賭場はあり、農村などにもあったのだ。

この賭博を仕切っていた人たちを博徒というが、この博徒がやくざの源流の一つとなったのである。

博徒は、やくざと同じように集団を形成していたが、その集団はそれほど大きくはなかった。大きな組でも子分はせいぜい数十人。博打を仕切る人間と縄張りを守る人間がいればいいだけなので、それ以上は必要なかったのだ。

また昔の賭場は、〝客〟を身包みはがして放り出すというようなことはしなかった。そんなことをすれば　賭場の人気がなくなって客が寄り付かなくなるし、警察に密告される恐れもある。

賭場は客から金を巻き上げるのが商売だけれども、客にも気持ちよく遊んでもらうように心がけていたという。もし負けが込んで熱くなって無茶な勝負をしようとする客には「このあたりでおやめになったらどうです」などと声をかけることもあったという。

この博徒たちは、戦後、公営ギャンブルがたくさんできたことにより、多くが〝失業〟することになった。そのため、飲食店からショバ代を取ったり、違法薬物の売買を仕切るような、現在の〝暴力団〟になっていったのである。

あとがき

戦前の記憶というのは、日本人にとって貴重なものであるはずだ。祖父母、曾祖父母の世代が、今の日本社会の元となるものを作ってきたはずだからだ。

しかし戦前の日本社会というと、とかく極端に語られがちである。

戦前は「厳しい軍国主義だった」とか「自由のない暗い社会」というイメージを持つ方が多いと思われる。かと思えば、牧歌的で善良な社会だったとか、理想的な社会だったかのようなイメージを持っている人も多い。

こういう両極端なイメージしか持てないのは、戦前の社会がリアルに感じられないからだと筆者は考えている。

歴史というのは、イベントごとや、事件などばかりが取り上げられがちである。その時代、その時代でどういう生活をしていたのか、ということは、あまり語られることはない。しかし人々の〝普通の生活〟こそ、歴史を語る上で非常に大事な要素ではないだろうか?

戦前のことについても、「二・二六事件」「満州事変」など、戦争に関わる出来事は詳細に述べられてきたが、こと国民の実生活については、あまり語られることがない。だから、我々は戦前の社会について、今一つリアルに感じられないのではないだろうか？

戦前の人々が実際にはどんな生活をしていたのか？

どういうことに興味を持ち、どんな不安を抱えていたのか？

戦前の人々のリアルな生活の中からその答えを探したい、〝庶民の目線〟から見た戦前の社会というものを描いてみたい、というのが本書の趣旨である。

また戦前の記憶を持つ人が、ご存命のうちに、戦前の生活の記録を書いておきたいというのも、この本を執筆した動機の一つでもある。なぜなら高齢の方々に、本書をきっかけに、様々な記憶を呼び起こしてもらえる方もいるかもしれないからである。

事実と違うことは違うと言ってもらえるだろうし、よりリアルな「戦前の生活誌」が今後、つづられていくかもしれないからだ。

もちろん、戦前のことなど教科書でしか知らない若い人たちに、本書をきっかけに戦前の日本社会に興味を持っていただければ、とも思っている。自分の国の過去をリアルに知ることは、その人にとっても、その国にとっても悪いことがあるはずはないからだ。

最後に、筑摩書房の小川氏をはじめ、本書にご尽力いただいた方々に、この場をお借りして御礼を申し上げます。

二〇一三年初頭

著者

参考文献

◇全体

事典昭和戦前期の日本 制度と実態　百瀬孝著　吉川弘文館

「月給百円」サラリーマン　岩瀬彰著　講談社現代新書

戦前・戦後の本当のことを教えていただけますか　兼松學(述)　加賀谷貢樹(記)　ＰＨＰ研究所

日本人の生活文化事典　南博・社会心理研究所編　勁草書房

証言 私の昭和史１　東京12チャンネル報道部編　学藝書林

証言 私の昭和史２　東京12チャンネル報道部編　学藝書林

証言の昭和史１ 東京行進曲の時代　学習研究社

昭和 二万日の全記録１ 昭和への招待　講談社

画報 近代百年史　日本近代史研究会　日本図書センター

大正モダンから戦後まで ビジュアル版日本の歴史を見る　世界文化社

◇序章

阿部定正伝　堀ノ内雅一著　情報センター出版局

阿部定手記　阿部定著　中公文庫

阿部定伝説　七北数人編　ちくま文庫

文藝春秋　昭和７年11月号

どぶろく物語——密造王国秋田のどぶろく史　長山幹丸著　秋田文化出版社
どはどぶろくのど　本郷明美著　講談社
父の詫び状　向田邦子著　文藝春秋

◇第1章

花のれん　山崎豊子著　新潮文庫
笑売人・林正之助伝　吉本興業を創った男　竹本浩三著　大阪新聞社
吉本八十年の歩み　吉本興業編　吉本興業
宝塚というユートピア　川崎賢子著　岩波新書
私の青空——二村定一　菊池清麿著　論創社
ジャズで踊って——舶来音楽芸能史　瀬川昌久著　清流出版
日本映画史2　佐藤忠男著　岩波書店
懐しき文士たち——昭和篇　巖谷大四著　文春文庫
日本初のアニメーション作家北山清太郎　津堅信之著　臨川書店
日本アニメーション映画史　山口且訓・渡辺泰共著・プラネット編　有文社
雑誌100年の歩み　塩澤実信著　グリーンアロー出版社
定本・ベストセラー昭和史　塩澤実信著　展望社
大衆文化史　森秀人著　産報

◇第2章
家族制度　磯野誠一・磯野富士子著　岩波書店
明治・大正・昭和食生活世相史　加藤秀俊著　柴田書店
お米と食の近代史　大豆生田稔著　吉川弘文館
日本産児調節百年史　太田典礼著　出版科学総合研究所
明治・大正のジャーナリズム　桂敬一著　岩波ブックレット

◇第3章
長い道　柏原兵三著　中公文庫
昭和の子ども遊びと暮らし　青木正美著　本邦書籍
旧制高校物語　秦郁彦著　文春新書
しろばんば　井上靖著　新潮文庫
戦前学生の食生活事情　上村行世著　三省堂
戦前の少年犯罪　管賀江留郎著　築地書館
駄菓子屋横丁の昭和史　松平誠著　小学館
瀧川事件・記録と資料　世界思想社編集部編　世界思想社

◇第4章
旅の今昔物語　沢寿次著　講談社
娯楽の戦前史　石川弘義編著　東書選書

「はとバス」六〇年　中野晴行著　祥伝社新書
旅情100年・日本の鉄道　毎日新聞社
明治大正昭和の旅　今野信雄著　旅行読売出版社
観光の文化史　中川浩一著　筑摩書房

◇第5章

前畑は二度がんばりました　兵藤秀子著　ごま書房
スパイクの跡／ゴールに入る　人見絹枝著　大空社
激動の昭和スポーツ史1　プロ野球編　ベースボール・マガジン社編　ベースボール・マガジン社
激動の昭和スポーツ史3　高校野球編　ベースボール・マガジン社編　ベースボール・マガジン社
激動の昭和スポーツ史6　大学野球編　ベースボール・マガジン社編　ベースボール・マガジン社
激動の昭和スポーツ史7　陸上競技編　ベースボール・マガジン社編　ベースボール・マガジン社
激動の昭和スポーツ史8　テニス編　ベースボール・マガジン社編　ベースボール・マガジン社
激動の昭和スポーツ史9　サッカー編　ベースボール・マガジン社編　ベースボール・マガジン社
激動の昭和スポーツ史11　相撲編　ベースボール・マガジン社編　ベースボール・マガジン社

激動の昭和スポーツ史18 水泳競技編　ベースボール・マガジン社編　ベースボール・マガジン社
ラジオの昭和　丸山鐵雄著　幻戯書房

◇第6章

昭和性相史・戦前戦中篇　下川耿史著　伝統と現代社
昭和平成ニッポン性風俗史　白川充著　展望社
やくざと日本人　猪野健治著　ちくま文庫
少女たちの昭和史　秋山正美著　新潮社
近代庶民生活誌1〜20　南博責任編集　三一書房
近代下層民衆生活誌1〜3　草間八十雄著　明石書店

本書は、ちくま文庫オリジナルである。

脇役本　濵田研吾

映画や舞台のバイプレイヤー七十数名が書いた本、関連書などを一挙紹介。それら脇役本が教えてくれる秘話満載。古本ファンにも必読。（出久根達郎）

時代劇 役者昔ばなし　能村庸一

「鬼平犯科帳」「剣客商売」を手がけたテレビ時代劇名プロデューサーによる時代劇役者列伝。春日太一氏との語り下ろし対談を収録。文庫オリジナル。

東京酒場漂流記　なぎら健壱

異色のフォーク・シンガーが達意の文章で綴るおかしくも哀しい酒場めぐり。薄暮の酒場に集う人々との無言の会話、酒、肴。（高田文夫）

旅情酒場をゆく　井上理津子

ドキドキしながら入る居酒屋。心が落ち着く静かな店も、常連に囲まれ地元の人情に触れた店も、それもこれも旅の楽しみ。酒場ルポの傑作！

満腹どんぶりアンソロジー
お〜い、丼《どん》　ちくま文庫編集部編

天丼、カツ丼、牛丼、海鮮丼に鰻丼。こだわりの食べ方、懐かしい味から思いもよらぬ珍丼まで作家・著名人の「丼愛」が迸る名エッセイ50篇。

ひりひり賭け事アンソロジー
わかっちゃいるけど、ギャンブル！　ちくま文庫編集部編

勝てば天国、負けたら地獄。麻雀、競馬から花札や手本引きまで、ギャンブルに魅せられた作家たちの名エッセイを集めたオリジナルアンソロジー。

赤線跡を歩く　木村聡

戦後まもなく特殊飲食店街として形成された赤線地帯。その後十余年、都市空間を彩ったその宝石のような建築物と街並みの今を記録した写真集。

異界を旅する能　安田登

「能」は、旅する「ワキ」と、幽霊や精霊である「シテ」の出会いから始まる。そして、リセットが鍵となる日本文化を解き明かす。（松岡正剛）

老人力　赤瀬川原平

20世紀末、日本中を脱力させた名著『老人力』と『老人力②』が、あわせて文庫に！　ぼけ、ヨイヨイ、もうろくに潜むパワーがここに結集する。

裸はいつから恥ずかしくなったか　中野明

幕末、訪日した外国人は混浴の公衆浴場に驚いた。日本人が裸に対して羞恥心や性的関心を持ったのはいつなのか。「裸体」で読み解く日本近代史。

考現学入門　今和次郎　藤森照信編
震災復興後の東京で、都市や風俗への観察・採集から はじまった〈考現学〉。その雑学の楽しさを満載し、新編集でここに再現。（藤森照信）

路上観察学入門　赤瀬川原平／藤森照信／南伸坊編
マンホール、煙突、看板、貼り紙……路上から観察できる森羅万象を対象に、街の隠された表情を読みとる方法を伝授する。（とり・みき）

TOKYO STYLE　都築響一
小さい部屋が、わが宇宙。ごちゃごちゃと、しかし快適に暮らす、僕らの本当のトウキョウ・スタイルはこんなものだ！　話題の写真集文庫化！

自然のレッスン　北山耕平
自分の生活の中に自然を蘇らせる、心と体と食べ物のレッスン。自分の生き方を見つめ直すための詩的な言葉たち。帯文＝服部みれい（曽我部恵一）

バーボン・ストリート・ブルース　高田渡
流行に迎合せず、グラス片手に飄々とうたい続け、いぶし銀のような輝きを放ちつつ逝った高田渡の酔いどれ人生、ここにあり。（スズキコージ）

素敵なダイナマイトスキャンダル　末井昭
実母のダイナマイト心中を体験した末井少年が、革命的野心を抱きながら上京、キャバレー勤務を経て伝説のエロ本創刊に到る仰天記。（花村萬月）

青春と変態　会田誠
著者の芸術活動の最初期にあり、高校生男子の暴発するエネルギーを、日記形式の独白調で綴る変態的青春小説もしくは青春的変態小説。（松蔭浩之）

官能小説用語表現辞典　永田守弘編
官能小説の魅力は豊かな表現力にある。本書は創意工夫の限りを尽したその表現をピックアップした、日本初かつ唯一の辞典である。（重松清）

増補　エロマンガ・スタディーズ　永山薫
制御不能の創造力と欲望で数多の名作・怪作を生んできた日本エロマンガ。多様化の歴史と主要ジャンルを網羅した唯一無二の漫画入門。（東浩紀）

いやげ物　みうらじゅん
水で濡らすと裸が現われる湯呑み。着ると恥ずかしい地名入Tシャツ。かわいいが変な人形。抱腹絶倒土産物、全カラー。（いとうせいこう）

USAカニバケツ　町山智浩

大人気コラムニストが贈る怒濤のコラム集！ スポーツ、TV、映画、ゴシップ、犯罪……。知られざるアメリカのB面を暴き出す。（デーモン閣下）

戦闘美少女の精神分析　斎藤環

ナウシカ、セーラームーン、綾波レイ……「戦う美少女」たちは、日本文化の何を象徴するのか。「おたく」「萌え」の心理的特性に迫る。（東浩紀）

映画は父を殺すためにある　島田裕巳

〝通過儀礼〟で映画を分析することで、隠されたメッセージを読み取ることができる。宗教学者が教える、ますます面白くなる映画の見方。（町山智浩）

無限の本棚　増殖版　とみさわ昭仁

幼少より蒐集にとりつかれ、物欲を超えた〝エアコレクション〟の境地にまで辿りついた男が開陳する驚愕の蒐集論。伊集院光との対談を増補。

死の舞踏　スティーヴン・キング　安野玲訳

帝王キングがあらゆるメディアのホラーについて圧倒的な熱量で語り尽くす伝説のエッセイ。「2010年版へのまえがき」を付した完全版。（町山智浩）

間取りの手帖　remix　佐藤和歌子

世の中にこんな奇妙な部屋が存在するとは！ 間取りと一言コメント。文庫化に当たり、間取りとコラムを追加し著者自身が再編集。（南伸坊）

大正時代の身の上相談　カタログハウス編

他人の悩みはいつの世も蜜の味。大正時代の新聞紙上で129人が相談した、あきれた悩み、深刻な悩みが時代を映し出す。（小谷野敦）

日本地図のたのしみ　今尾恵介

地図記号の見方や古地図の味わい等、マニアならではの楽しみ方も、初心者向けにわかりやすく紹介。「机上旅行」を楽しむための地図「鑑賞」入門。

旅の理不尽　宮田珠己

旅好きタマキングが、サラリーマン時代に休暇を使い果たして旅したアジア各地の脱力系体験記。鮮烈なデビュー作、待望の復刊！（蔵前仁一）

国マニア　吉田一郎

ハローキティ金貨を使える国があるってほんと!? 私たちのありきたりな常識を吹き飛ばしてくれる、世界のどこか変てこな国と地域が大集合。

誘拐　本田靖春
戦後最大の誘拐事件。残された被害者家族の絶望、犯人を生んだ貧困、刑事達の執念を描くノンフィクションの金字塔！（佐野眞一）

疵　本田靖春
戦後の渋谷を制覇したインテリヤクザ安藤組の大幹部、力道山よりも喧嘩が強いといわれた男……。伝説に彩られた男の実像を追う。（野村進）

宮本常一が見た日本　佐野眞一
戦前から高度経済成長期にかけて日本中を歩き、人々の生活を記録した民俗学者、宮本常一。そのまなざしと思想、行動を追う。（橋口譲二）

新 忘れられた日本人　佐野眞一
佐野眞一がその数十年におよぶ取材で出会った、無私の人、悪党、そして怪人たち。時代の波間に消えて行った忘れえぬ人々を描き出す。（後藤正治）

占領下日本（上・下）　半藤一利／竹内修司／保阪正康／松本健一
1945年からの7年間日本は「占領下」にあった。この時代を問うことは、戦後日本を問い直すことである。多様な観点と仮説から再検証する昭和史。

現人神の創作者たち（上・下）　山本七平
日本を破滅の戦争に引きずり込んだ呪縛の正体とは何か。幕府の正統性を証明しようとして、逆に「尊皇思想」が成立する過程を描く。（山本良樹）

東京の戦争　吉村昭
東京初空襲の米軍機に遭遇した話、寄席に通った話。少年の目に映った戦時下・戦後の庶民生活を活き活きと描く珠玉の回想記。（小林信彦）

ワケありな国境　武田知弘
メキシコ政府発行の「アメリカへ安全に密入国するための公式ガイド」があるってほんと⁉　国境にまつわる60の話題で知る世界の今。

週刊誌風雲録　高橋呉郎
昭和中頃、部数争いにしのぎを削った編集者・トップ屋たちの群像。週刊誌が一番熱かった時代を貴重な証言とゴシップたっぷりで描く。（中田建夫）

増補版 ドキュメント 死刑囚　篠田博之
幼女連続殺害事件の宮﨑勤、奈良女児殺害事件の小林薫、附属池田小事件の宅間守、土浦無差別殺傷事件の金川真大……モンスターたちの素顔にせまる。

田中清玄自伝　田中清玄　大須賀瑞夫

戦前は武装共産党の指導者、戦後は国際石油戦争に関わるなど、激動の昭和を侍の末裔として多彩な人脈を操りながら駆け抜けた男の「夢と真実」。

権力の館を歩く　御厨貴

歴代首相や有力政治家の私邸、首相官邸、官庁、政党本部ビルなどを訪ね歩き、その建築空間を分析。権力者たちの素顔と、建物に秘められた真実に迫る。

タクシードライバー日誌　梁《ヤン》石日《ソギル》

座席でとんでもないことをする客、変な女、突然の大事故。仲間たちと客たちを通して現代の縮図を描く異色ドキュメント。（崔洋一）

新版 女興行師 吉本せい　矢野誠一

大正以降、大阪演芸界を席巻した名プロデューサーにして吉本興業の創立者。NHK朝ドラ『わろてんか』のモデルとなった吉本せいの生涯を描く。

ぼくの東京全集　小沢信男

小説、紀行文、エッセイ、評伝、俳句……作家は、その町を一途に書いてきた。『東京骨灰紀行』など65年間の作品から選んだ集大成の一冊。（池内紀）

吉原はこんな所でございました　福田利子

三歳で吉原・松葉屋の養女になった少女の半生を通して語られる、遊廓「吉原」の情緒と華やぎ、そして盛衰の記録。（阿木翁助　猿若清三郎）

ちろりん村顛末記　広岡敬一

トルコ風呂と呼ばれていた特殊浴場を描く伝説のノンフィクション。働く男女の素顔と人生、営業システム、歴史などを記した貴重な記録。（本橋信宏）

ぐろぐろ　松沢呉一

不快とは、下品とは、タブーとは。非常識って何だ。公序良俗を叫び他人の自由を奪う偽善者どもに〝闘うエロライター〟が鉄槌を下す。

独特老人　後藤繁雄編著

埴谷雄高、山田風太郎、中村真一郎、淀川長治、水木しげる、吉本隆明、鶴見俊輔……独特の個性を放つ思想家28人の貴重なインタビュー集。

呑めば、都　マイク・モラスキー

赤羽、立石、西荻窪……ハシゴ酒から見えてくるのは、その街の歴史。古きよき居酒屋を通して戦後東京の変遷に思いを馳せた、情熱あふれる体験記。

ちくま文庫

戦前《せんぜん》の生活《せいかつ》　大日本帝国《だいにほんていこく》の〝リアルな生活誌《せいかつし》〟

二〇一三年三月　十　日　第一刷発行
二〇二〇年一月二十五日　第四刷発行

著　者　武田知弘（たけだ・ともひろ）
発行者　喜入冬子
発行所　株式会社　筑摩書房
東京都台東区蔵前二―五―三　〒一一一―八七五五
電話番号　〇三―五六八七―二六〇一（代表）
装幀者　安野光雅
印刷所　明和印刷株式会社
製本所　株式会社積信堂

ISBN978-4-480-43041-0　C0121